DESEQUILÍBRIO
A decomposição na ausência de sentido e a obrigação de existir

Editora Appris Ltda.
1.ª Edição - Copyright© 2022 do autor
Direitos de Edição Reservados à Editora Appris Ltda.

Nenhuma parte desta obra poderá ser utilizada indevidamente, sem estar de acordo com a Lei nº 9.610/98. Se incorreções forem encontradas, serão de exclusiva responsabilidade de seus organizadores. Foi realizado o Depósito Legal na Fundação Biblioteca Nacional, de acordo com as Leis nos 10.994, de 14/12/2004, e 12.192, de 14/01/2010.

Catalogação na Fonte
Elaborado por: Josefina A. S. Guedes
Bibliotecária CRB 9/870

R153d 2022	Raimundo, Élder da Silva
	Desequilíbrio : a decomposição na ausência de sentido e a obrigação de existir / Élder da Silva Raimundo. - 1. ed. - Curitiba : Appris, 2022.
	163 p. ; 23 cm.
	Inclui bibliografia.
	ISBN 978-65-250-3044-9
	1. Existencialismo. 2. Inconsciente. 3. Sentido (Filosofia). I. Título.
	CDD – 111

Livro de acordo com a normalização técnica da ABNT

Appris
editora

Editora e Livraria Appris Ltda.
Av. Manoel Ribas, 2265 – Mercês
Curitiba/PR – CEP: 80810-002
Tel. (41) 3156 - 4731
www.editoraappris.com.br

Printed in Brazil
Impresso no Brasil

ÉLDER DA SILVA RAIMUNDO

DESEQUILÍBRIO
A DECOMPOSIÇÃO NA AUSÊNCIA DE SENTIDO E A OBRIGAÇÃO DE EXISTIR

FICHA TÉCNICA

EDITORIAL
Augusto V. de A. Coelho
Marli Caetano
Sara C. de Andrade Coelho

COMITÊ EDITORIAL
Andréa Barbosa Gouveia (UFPR)
Jacques de Lima Ferreira (UP)
Marilda Aparecida Behrens (PUCPR)
Ana El Achkar (UNIVERSO/RJ)
Conrado Moreira Mendes (PUC-MG)
Eliete Correia dos Santos (UEPB)
Fabiano Santos (UERJ/IESP)
Francinete Fernandes de Sousa (UEPB)
Francisco Carlos Duarte (PUCPR)
Francisco de Assis (Fiam-Faam, SP, Brasil)
Juliana Reichert Assunção Tonelli (UEL)
Maria Aparecida Barbosa (USP)
Maria Helena Zamora (PUC-Rio)
Maria Margarida de Andrade (Umack)
Roque Ismael da Costa Güllich (UFFS)
Toni Reis (UFPR)
Valdomiro de Oliveira (UFPR)
Valério Brusamolin (IFPR)

SUPERVISOR DA PRODUÇÃO
Renata Cristina Lopes Miccelli

ASSESSORIA EDITORIAL
Manuella Marquetti

REVISÃO
Stephanie Ferreira Lima

PRODUÇÃO EDITORIAL
Bruna Holmen

DIAGRAMAÇÃO
Bruno Ferreira Nascimento

CAPA
Renata Policarpo

COMUNICAÇÃO
Carlos Eduardo Pereira
Karla Pipolo Olegário
Kananda Maria Costa Ferreira
Cristiane Santos Gomes

LANÇAMENTOS E EVENTOS
Sara B. Santos Ribeiro Alves

LIVRARIAS
Estevão Misael
Mateus Mariano Bandeira

GERÊNCIA DE FINANÇAS
Selma Maria Fernandes do Valle

À Mara Cunha, Jackson Medina e Jackeeline Batista.

Sou, sobretudo, um leitor!

(Jorge Luís Borges)

APRESENTAÇÃO

Desequilíbrio: a decomposição na ausência de sentido e a obrigação de existir é um livro que permite ao leitor adentrar no universo de Platão, de Borges, de Kafka, de Shakespeare e no romance da existência, para responder à pergunta "quem somos nós?". O leitor é levado a refletir sobre o nosso estar no mundo, sobre os conflitos humanos, a limitação de nosso ser e outros temas, que são apresentados em uma trama envolvente e em uma linguagem simples, mas que é capaz de adentrar em questões complexas da psicanálise, da literatura, da filosofia, da sociologia e das humanidades como um todo. *Desequilíbrio* permite ao leitor ver o mundo por meio de uma imensidão de autores, combinando ideias, cenários e sensações e, ao mesmo tempo, apresentando questões que permanecem atuais e que sempre estarão conosco a cada novo processo de nossa vida.

SUMÁRIO

TRIBUTO ÀQUELES QUE FORMARAM NOSSA MENTE 13

INTRODUÇÃO 15

CAPÍTULO I
CONFUSÕES ENTRE ESPÍRITO E A MATÉRIA: QUEM EU ERA? QUEM
EU SOU? 21

CAPÍTULO II
ESPÍRITO LITERÁRIO SHAKESPERIANO: FRAGMENTOS DAQUILO
QUE FUI 29

CAPÍTULO III
INDISCERNÍVEL: A INESCAPÁVEL TENTATIVA DE SER 35

CAPÍTULO IV
THEO-AGONIA: DEFORMAÇÕES DA CRIAÇÃO 43

CAPÍTULO V
ARTÍFICES DE URANO RESIDUAL: DIGRESSÕES 51

CAPÍTULO VI
METAMORFOSES: UM NOVO K DE KAFKA 59

CAPÍTULO VII
FREUD E AS FISSURAS DE PANDORA 67

CAPÍTULO VIII
COM AMOR, SIGMUND: DELÍRIOS NO SALPÊTRIÈRE 77

CAPÍTULO IX
A EPISTEMOLOGIA DA LOUCURA E O MAL-ESTAR
NA CIVILIZAÇÃO 87

CAPÍTULO X
CHARCOT E FREUD: MEMÓRIAS DISTORCIDAS DE UMA ANÁLISE
INTERMINÁVEL..97

CAPÍTULO XI
KAFKIANDO EM BORGES: ENTRE ESPELHOS E LABIRINTOS
DE UMA MENTE ANALISADA..109

CAPÍTULO XII
UMA MENTE SEM LEMBRANÇAS: IRRUPÇÕES INSTINTIVAS
NO VAZIO DO SER..119

CAPÍTULO XIII
O INSUSTENTÁVEL DESEJO DE SER: VIDAS
EM DECOMPOSIÇÃO..131

CAPÍTULO XIV
SONHOS DESPEDAÇADOS NAS RODAS DA REALIDADE.............143

CAPÍTULO XV
VIDA: O HORIZONTE DAS INCERTEZAS NO REINO
DAS POSSIBILIDADES QUE SE BIFURCAM................................155

TRIBUTO ÀQUELES QUE FORMARAM NOSSA MENTE

Todo o escritor contemporâneo está, direta ou indiretamente, ligado aos autores do passado ou mesmo do presente que, de uma maneira ou de outra, auxiliaram-nos a compreender a nós mesmos, nosso tempo e até a forma que nos expressamos.

Desequilíbrio é o produto da junção na ficção de seres geniais e que não puderam por circunstâncias várias, dividir o mesmo tempo e espaço na realidade. Sou — para falar na primeira pessoa e sobre o que percebo de fato — a resultante da relação dialética e prática daquilo que li com o que vivi e que agora escrevo, sempre com um novo viés, com combinações ainda não feitas e que emergem de minha configuração ontológica no todo que estou.

Desequilíbrio é um tributo a William Shakespeare (tido como principal fundador do humano ocidental), a Franz Kafka, a Jorge Luís Borges (que perceberam o desabrigo do mundo após a insuficiência da razão), a Sigmund Freud (que interpretou as mitologias, o mal-estar no mundo e nos indivíduos) e a outros tantos. De influências não tão diretas, mas que estão presentes nesse romance que visa, antes de mais nada, oferecer um pouco do pensamento humano por meio da ficção, é possível ler ainda ecos dos escritos de Emil Cioran, Friedrich Nietzsche, Albert Camus, Simone de Beauvoir, Immanuel Kant, Platão e Aristóteles, Max Weber, Émile Durkheim, Karl Marx e Friedrich Engels, Antônio Gramsci, Lênin, Skinner, Jean Piaget, Vygotsky e a lista continua.

Minha produção é o produto daquilo que li e que desejo compartilhar com todos aqueles que agora eu chamo de leitores. Aos autores citados em primeiro plano: Freud, Shakespeare e Kafka — a pretensão é abordar a quase totalidade das suas contribuições, entrando em conceitos que seriam complicadíssimos se fossem abordados pela crítica literária (no caso dos literatos) ou pela psicanálise (no caso de Freud), mas que se tornam mais palatáveis ao entendimento, quando colocados em uma narrativa ficcional.

De Borges, além do pensamento sobre a literatura e a imortalidade, o que mais usei foi o estilo da narrativa, ou seja, mesclar realidade com ficção, mas, ao contrário do argentino, deixei o gênero conto e adentrei no gênero romance.

Que os leitores possam mergulhar na leitura subjetiva e perceber
que visitar os clássicos é, sobretudo, visitar a nós mesmos
pelo olhar de outros!

INTRODUÇÃO

O ser humano é produto de relações complexas! A humanidade e cada indivíduo constituem uma imensidão existencial, que praticamente nenhum conceito é capaz de definir de modo claro, dizendo: "o ser humano é isso ou o ser o humano é aquilo". Com o "desencantamento do mundo" — termo cunhado pelo sociólogo Max Weber e que tem um significado ambivalente: desencantamento, no sentido do autor, é retirar as explicações metafísicas, portanto, não científicas e que pretendiam dar conta daquilo que não sabemos ainda; desencantamento, em um segundo sentido, é perder o encanto, fugir das ilusões, na qual estávamos mergulhados; com esse conceito weberiano colonizando nosso modo de pensar e a evolução das ciências como um todo — que se acentuara após o advento do iluminismo, a razão pareceu ser a grande definidora do que é o ser humano, de modo tal que muitos afirmaram (precipitadamente) "o ser humano é um animal racional" e que seria capaz de conter o caos após a morte dos deuses.

O século XIX e principalmente a primeira metade do século XX forneciam para o inconsciente coletivo a crença de que o progresso iria levar o humano para um novo patamar: inovações na indústria, nos meios de transporte, na produção de alimentos e na sociedade como um todo — até que uma ruptura brutal colocou fim a todas essas expectativas. A mesma Europa que vivia a Bela Época (1870-1914), período de relativa paz e prosperidade, fora assolada pela Grande Guerra — fato que colocava em dúvida, se a razão era nossa paixão predominante realmente.

Muitos literatos e, portanto, escritores que podiam "mergulhar" em devaneios sobre a existência e explicar sensações por meio do fantástico, da mitologia, tocaram, por vezes, naquilo que estava escondido atrás de nossa máscara artificial que chamamos de homem civilizado. Personagens que encarnavam o ódio, o desprezo e tudo o que sentimos e que nos afeta de alguma maneira. Filósofos como Spinoza, Schopenhauer e Nietzsche perceberam que o ser humano se idealizava em demasia e tentava esconder seus "demônios internos", em busca de uma falsa coerência que o permitia viver no mundo e dar sentido para uma existência absurda.

A partir de Sigmund Freud (autor que é transformado em personagem desse romance que vos é apresentado), uma nova teoria da psiquê humana fora desenvolvida: a psicanálise, uma ciência que surgira da necessidade de Freud (neurologista na época) compreender as causas de alguns sintomas de suas pacientes, cujo diagnóstico parecia escapar da lógica organicista corpórea — quando é possível, conhecendo o funcionamento do corpo humano, ver se dada doença do braço, por exemplo, está relacionada com membros e tendões que ligam esse a outra parte do corpo. Em outras palavras, a medicina não conseguia, por si só, dar conta de explicar algumas doenças e, por isso, classificava tais pacientes, cuja afecção era proveniente de causas indeterminadas, de pacientes histéricas, termo pejorativo e que indicava fingimento. Freud rejeitou categoricamente que uma pessoa escolhia — por vontade própria — ficar paralítica, ter convulsões, desmaios e outros sintomas e passou a estudar a relação do cérebro pelos mais variados meios.

Na hipnose (junto com Breuer), ele descobre que era possível "curar" temporariamente um sintoma manifesto, simplesmente enganando a consciência — a partir dali, após recuos e avanços que omitiremos em nome da celeridade da descrição —, Freud constata que realmente havia no ser humano um inconsciente e mais, que havia instâncias psíquicas gigantescas e aquilo que julgávamos ser nossa principal característica — a razão era a ponta de um iceberg desconhecido quase que totalmente.

O indivíduo teria pelo menos três instâncias psíquicas: Id, que é a parte mais instintiva de desejos e vontades (não é passível de ser julgado moralmente, pois, por exemplo, você pode ter ódio de alguém — internalizado — e ainda assim controlar esse ódio para que ele não seja manifesto e lidar, na medida do possível, para combate-lo); o Superego seria uma entidade ideal e repressora, que exige que você se torne isso e aquilo (é a parte, por exemplo, que cobra acerca do seu fracasso, do lugar que você está no mundo); por fim, o Ego, é essa nova parte que aparece em função da realidade em que vivemos: a menor das partes. Freud passaria um bom tempo, achando que iria encontrar a região do cérebro responsável por cada instância e pensava que elas estavam separadas até chegar à conclusão de que são instâncias que se confundem e que o extremo de uma é o início da outra.

DESEQUILÍBRIO

O Superego representa restrições morais e exigências baseadas no que estamos fazendo de nós, principalmente em comparação com grandes humanos — pessoas que se destacavam na sociedade — e o Id é aquela instância movida pelo prazer, ou seja, para evitar o desprazer a qualquer custo e, por isso, é um depósito daquilo que envergonha o indivíduo influenciado pelo princípio de prazer. Diante de toda essa contradição que um indivíduo é submetido, ele é convidado a fazer a si mesmo na existência e se vê desamparado, porque a razão ele sabe ser limitada, o meio, por vezes, acaba com nossos sonhos (como o caso da guerra, que causou a morte de milhares e desfez projetos coletivos e individuais); o corpo nos abandona (como quando estamos doentes ou nas situações em que nossa mente está enferma — ainda, uma terceira opção, o fato de entrarmos no mundo sem nenhuma autonomia, sendo moldado pelos costumes da família e de outras instituições educativas).

Dessa perspectiva, o romance *Desequilíbrio* tem como eixo central a análise do inconsciente humano em suas distintas esferas e volta até onde Freud voltou para construir a psicanálise, ou seja, volta em Shakespeare e na mitologia grega para entender que a verdadeira tragédia do humano é uma tragédia interna. Desequilíbrio percorre literariamente a nossa constituição no mundo e faz com que personagens que se pretendiam ser seres únicos e individuais sejam colonizados pela influência literária que tiveram em sua formação (notadamente, no texto, a influência central e da qual a maioria de nós bebemos é William Shakespeare), daí que já não podemos mais pensar como uma mônada e sim na perspectiva que somos produtos da presença humana no tempo; perspectiva essa reforçada pelo escritor argentino Jorge Luís Borges (que escrevia contos que mesclava realidade, ficção, de maneira que era impossível saber se ele fazia uma citação correta ou se reescrevia tudo de acordo com suas concepções, pervertendo ideias e autores e vendo isso como uma homenagem).

Além de Borges e Freud, as concepções da literatura de Kafka também constituem o eixo central deste romance: Franz Kafka percebeu, melhor do que ninguém, que as palavras, a razão e a forma do romance não podiam mais comportar adequadamente o ser humano. Os K de Kafka (em *O Castelo* e em *O Processo*) são submetidos a acontecimentos que mostram que a o mundo jaz no desconforto e no desabrigo — Josef K do Processo, que tem uma vida tida como o manual adequado da mentalidade que acreditava na ordem —, sem mais nem menos, é submetido a acusações incertas, é incomodado por figuras estranhas e vê seu mundo desabar. Ele é consumido pelo meio, pela incerteza e é pusilânime em relação ao tamanho das forças que o afetam. O agrimensor K de O Castelo passa o romance todo (Kafka não termina nenhum de seus romances) tentando adentrar nesse local (no castelo), onde ele deveria prestar serviços. A analogia é ampla e poderia indicar o castelo como sendo o inconsciente — aquilo que não conseguimos penetrar sem a psicanálise; o castelo pode ser um objetivo de vida que temos e para o qual pensamos ter nascidos e estudamos e crescemos para atingir fins que nos são dados, que são incutidos em nós pela cultura e pela família e, antes de desfrutarmos do objetivo, todo o resto já se modificou e ficamos preparados para viver uma vida que já não existe.

O arcabouço teórico de *Desequilíbrio* passa por todas as nuances citadas, mantendo o estilo de narrativa do conto de Borges, mas no gênero romance (porque mesclamos histórias reais, dados da psicanálise, da epistemologia genética de Jean Piaget, da sociologia de Durkheim, Marx, Engels, Weber e Bauman, com uma releitura da mitologia grega e com nossa própria fanta- sia). Fizemos um percurso contrário ao de Freud para explicar toda a teoria psicanalítica por meio de personagens: Freud, para adentrar no inconsciente, usa a linguagem onírica (dos sonhos) e mostra que eles são realizações de desejos reprimidos que tivemos durante a vigília, porque, na teoria freudiana, durante o sono, os nossos mecanismos repressivos são desligados — daí interpretar sonho ser um meio de entender nossa psiquê. O austríaco faz o que chamamos de "estado da arte" e separa a interpretação onírica mítica da interpretação analítica — nós, ao contrário, usamos da nomenclatura "espírito" e dos deuses originários: Gaia e Urano, para exemplificar categorias freudianas, que seriam por demais abstratas e conceituais.

Por fim, parodiamos uma vida de um sociólogo italiano respeitável (Antônio Gramsci), cuja biografia, em nosso entendimento, foi submetida a todas as impossibilidades apresentadas por Kafka e a todas as limitações do humano percebidas por Freud. Usamos o nome Antoine Gramsci, para indicar ao leitor que, ao contrário das incursões biográficas que fazemos nas personagens William Shakespeare, Jorge Luís Borges, Sigmund Freud e outros, no Gramsci fictício, alteramos profundamente sua história, man- tendo de verdadeiro a saúde debilitada por causa da tuberculose óssea, as ideias acerca do Estado, do poder e outros temas, a sua prisão pelo fascismo italiano. Gramsci foi um homem que sofreu no corpo, sofreu externamente e teve sua vida interrompida prematuramente por acasos que nunca contro- lou, apesar de, como sabemos, ter sido um dos estudiosos e trabalhadores mais diligentes que já conhecemos, ignorando dor e sofrimento e seguindo firme em seus ideais.

Usamos como cenário principal do romance o Hospital do Salpêtrière, na França, e regressamos ao período de Jean-Martin Charcot, em mais uma das homenagens a um dos homens que rejeitou a ideia de que o normal era quem estava livre e o louco era o que jazia confinado em uma unidade médica ou prisional qualquer. O ambiente permitiu a reunião ficcional de pessoas notáveis do século XX e dali o enredo se bifurcou. Desequilíbrio é o além de nós, o que nos escapa e nos antecede. É o ser como estar e estar de modo transitório e incerto. Desequilíbrio é o movimento do humano em sua constituição. É literatura, ciência e toda a produção da existência, tentando buscar uma personalidade e existir. Se os alvos e objetivos se "desmancham no ar", resta a vida no *Desequilíbrio* enquanto ainda temos vida.

CAPÍTULO I

CONFUSÕES ENTRE ESPÍRITO E A MATÉRIA: QUEM EU ERA? QUEM EU SOU?

Acordei em um hospital! Parecia com um hospital ao menos, não que eu pudesse ter visto algo de fato, mas percebia movimentos de seres que iam de um lado a outro, com a coordenação rápida e precisa daqueles homens e mulheres que trabalham nos hospitais. Eu não podia abrir os olhos! Eu não podia mover as mãos! Não podia mover os pés e nem sentir qualquer parte do meu ser. Eu via o mundo pelas sensações que não sei definir, não sei se ouvia algum som (e quem é capaz de saber se de fato está escutando algo? Como identificar se é uma sensação auditiva provocada pelo mundo ou se são apenas alucinações?), no "quase transe" de quem acaba de acordar, sem a doce acomodação de um tempo ou de um espaço para se localizar, qualquer coisa que acontece tende a permanecer incompreensível e torturante ao mesmo tempo.

O movimento externo estava ritmado, pessoas indo e vindo e eu jogado em cima de uma cama. Não estava deitado, não estava de pé ou em qualquer outra posição. Eu estava sem estar em meu corpo! Ele se misturava com as coisas daquela sala, até que de um sobressalto inexplicável, uma parte minha não material, não vinculada às leis de qualquer ciência conhecida, afastou-se para observar e pude olhar um pouco mais. Eu estava pairado na altura do teto, contemplando algo indiscernível que jazia junto de um leito.

As mãos não tinham fronteiras ou formas e ninguém podia dizer se aquela parte visível pertencia ao corpo de um humano ou se era parte da cama. Aproximei-me para ver melhor e quanto mais me aproximava, mais percebia que esse "corpo indiscernível" estava unido ao ambiente, aos móveis, em uma plena união de átomos.

Deixaram-me na cama! Até parecia que eu não era ninguém e me diluía aos poucos, enquanto a vida de todos os outros seguia normalmente. O que ficará de mim após essa diluição? Qual parte minha irá resistir a essa ação tão absurda de uma velhice de cem anos, que parecia chegar em poucos segundos? Lembrava eu de como nem pensava na morte! Lembrava eu de como não pensava na velhice e agora a vida se esvaía rapidamente, sem nem mesmo ser possível perceber o que estava acontecendo comigo. Vi que aquele homem que eu tinha sido (William Borges), já não era mais nada além de uma matéria em transformação e que rumava em direção a não mais existência do ser.

Era o fim! O corpo se liquefez completamente e pela importância extrema que eu dava para minha própria existência, recusei a partir e permaneci em um limbo que não era material, que não me permitia mais intervir em qualquer existência viva, mas ainda havia uma morte para a qual eu não estava pronto: a morte total, a morte do ser que havia existido, o esquecimento da memória de todos aqueles com os quais eu vivi nos últimos anos. Algumas de minhas partes físicas foram arrancadas antes de diluir (acho que chamam isso de doação de órgãos ou coisa parecida) e percebi que o meu espírito começava a se partir a cada saída desses pedaços, como se o espírito daqueles que receberam meus órgãos estivessem devorando o meu próprio. Tudo parecia estar acabado e a consumação rumo ao nada era inexorável.

Recolheram os meus restos e soube, mais por uma sensação do que por entender o que se passava no mundo terreno, pois minha percepção espiritual, vagando pelo universo da matéria, via-se constantemente perturbada pela imensidão de espíritos desgarrados que, como eu, haviam deixado a existência recentemente. Soube a provável causa das mortes, uma doença viral que abalara todo o planeta e que fazia com que a morte fosse banalizada, os ritos funerários esquecidos e os cuidados com a vida fossem negligenciados, pois bastava culpar o vírus e se livrar de quaisquer acusações.

Não teve velório, não teve despedida. Como uma folha que cai, como uma árvore cortada e apodrecida ou como um animal assassinado para servir de alimento, assim foi a minha passagem e retiraram tudo o que podiam até ficar somente o imprestável. Não sei explicar o que estava acontecendo. Não sei se eu via o corpo se diluir por causa da impossibilidade de conciliar matéria e espírito ou se realmente os seres materiais não são capazes de

DESEQUILÍBRIO

ver verdadeiramente o mundo e, na verdade, todos nós estamos perdendo matérias, perdendo energia espiritual enquanto outros levam parte de nosso ser. Pensei por instantes sobre as perdas que tive e a necessidade de lidar com essas perdas antes de partir. Partir para onde? Não faço a mínima ideia, mas é sempre assim: nada sei do presente, desse meu estado de pós-morte e olharei para o passado, porque no passado eu tenho as respostas, no passado eu sei o que devia ter feito e no presente eu nada mais faço. Lembrei de coisas adiadas, da vida não vivida, do beijo não dado e de muitas possibilidades de realizações que não foram realizadas porque eu precisava esperar.

O meu espírito está em desequilíbrio, ele paira de modo perturbado nas fronteiras do não ser, em busca de reconstrução do que eu era, do ser que eu sou. É preciso ser antes de deixar de ser? O que ficará na lembrança dos outros? Afinal, o que isso importa? O que ficará em minha lembrança, quem eu fui? Enfim, tudo acabou e acho que nada mais irá existir, mas por que esse espírito ainda está pensando? Por que refletir sobre coisas passadas? Em meio ao desequilíbrio de um não ser, uma voz de trovão (Deus?), não era Deus, não o cristão, aquele com forma humana, mas era um ser ciclônico que arrebatou meu espírito pairado no ar e girou, girou, girou até que me vi observando os primeiros momentos de minha existência. Vi meu nascimento, senti o incômodo da sensação de sujeira quando o cordão umbilical foi cortado e o ciclone me disse: "É necessário narrar! É necessário narrar sua vida para que você possa viver de novo!". Percebi que as regras estavam dadas: a morte era a libertação de uma carne que não mais podia comportar a vida. Após a morte, o espírito continua pensando, mas perde aos poucos a capacidade de contemplar o futuro do mundo, é um espírito que vê o passado. Era preciso reviver a própria história (do nascimento até a morte) e a narração servirá de referência para outro William Borges que terá uma vida parecida à que eu tive, talvez, não com o mesmo nome que eu, mas com os mesmos atos. Ao narrar eu serei "as moiras" que tecerão o destino do próximo ser que já está no mundo.

O começo da minha narração é determinado pelo nascimento carnal do outro eu. Vou narrar toda a minha vida e pararei quando o outro eu também morrer e depois não mais sei o que acontecerá. As pessoas com quem convivi e que morreram já estão narrando sobre a vida delas, todas narram enquanto um substituto está vivendo. Nos atos que envolvem outras pessoas e as narrações diferem, dependendo do ponto de vista, a vida do substituto é modificada. Percebi que minha vida nunca esteve em minhas mãos e maldito o espírito que narrou a vida dele enquanto eu fora o substituto. Narrarei

23

cuidadosamente e espero que outros narradores não atrapalhem a vida desse substituto. A vida é o equilíbrio entre o enredo tecido pelos espíritos e o vivente carnal que não é, mas que tenta ser e morre sem nada alcançar.

Não é a vida que tem sentido, mas a morte. E eis que tudo se fez novo, mas o passado se repetirá e no eterno retorno do mesmo, nada mesmo pode ser narrado da mesma forma. E assim, diante de um não lugar ou de um lugar inefável, o resíduo "espiritual" do ser que viveu, novamente tem a possibilidade de tecer seu destino. Pairado nesse limbo indiscernível, preso ao ser que nascera por raízes que se assemelham ao que conhecemos como neurônios, a "sobra" do que fora William começou a escrever: a escrita não se encaixava em nenhuma das línguas ou dialetos conhecidos do planeta. Não se tratava de hieróglifos, escrita cuneiforme ou letras; era o universo da "escrita" por impulsos, manifestações de "energias" que culminariam, por falta de definição mais precisa, no que chamamos de vontade — vontade no movimento, vontade no instante, vontade na ação.

O espírito William estava pronto para reescrever a sua história, ligada ao bebê nomeado Antoine Gramsci e que teria seu destino traçado, dessa vez, de maneira perfeita. Na vida, quando estamos diante de situações que exigem uma tomada de consciência e uma decisão que mudará tudo, raramente sabemos como agir, toda a experiência é um salto no nada, porque as coisas futuras não nos são conhecidas. Agimos pelo passado, pelo que aconteceu conosco e com o mundo, mas o mundo nunca nos espera, não se deixa traduzir e o desabrigo é a situação do presente. Para julgarmos uma vida, precisamos de distanciamento; só conseguimos julgar quando tudo já passou e nenhum julgamento importa mais. Somos uns reativos olhando para o que se foi e se perdendo em relação ao que estamos sendo e o espírito William não fugia à regra: ele não sabia em que lugar se encontrava, ele não sabia a resposta para a pergunta que, talvez, esteja presente desde os primeiros hominídeos aptos a usar o cérebro: "Quem somos nós e para onde vamos?", e sem saber essa resposta, podemos até chegar em algum lugar, podemos ter a ilusão de que o movimento cessa, de que vamos parar o que estávamos fazendo e finalmente desfrutar de uma plenitude ou de um marasmo torturante (indefere), mas não é assim. William era um espírito? O que é um espírito? William é o resíduo que narra pela rede de neurônios ou é o Antoine Gramsci que nascera agora? William não sabia nada da sua atual situação de resíduo espiritual narrador. Talvez, em uma nova transformação (como aquela que o separou da carne e que chamamos de morte), a sua

DESEQUILÍBRIO

situação seja esclarecida, mas somente quando essa transformação chegar — talvez, uma nova etapa e novamente terá de lidar com a ignorância do momento —, quando ele entender o que é esse resíduo espiritual que narra, provavelmente uma outra ignorância acerca da atualidade se fará presente: vida é movimento? Vida é desabrigo? Vida só é quando deixa de ser? Por ora o espírito William sabe que é Gramsci e tentará narrar com base no aprendizado que teve enquanto viveu sendo William Borges.

Pairado, tentando se lembrar de como foi sua vida enquanto estava encarnado e refletir sobre o que deveria ter feito. Agora ele sabe onde errou, que ações tiveram efeitos devastadores e assim poderá evitar cometer os mesmos erros. Talvez, essa obrigação de narrar só exista porque ele não foi perfeito enquanto foi William Borges e se for perfeito sendo Antoine Gramsci, deverá ser anexado ao Uno que rege o universo e, enfim, ter todas as respostas de que tanto necessita. É essa a obrigação aceita de modo tácito: narrar! Além do mais, nada mais restava e escrever (para ele que fora escritor enquanto estava vivo) era uma boa forma de passar o tempo, sem ter de lidar com o reino das necessidades biológicas — produziria seu livro perfeito, seu personagem realmente teria vida e ele seria o autor. Espere! Narrar não é tão simples! Não é apenas um livro! É a vida de um ser humano e o futuro de um espírito suscetível de ascensão ou de rebaixamento! É preciso relembrar o que foi feito de errado, anotar em algum lugar, organizar e escrever pacientemente. Assim pensou William: iria catalogar tudo antes de iniciar e demorou muito relembrando sem nada escrever.

William – agora entendo o porquê os bebês ficam um longo período sem entender o que estamos falando ou compreendendo poucas coisas; é o espírito narrador que está revisando suas vidas anteriores antes de fornecer o material que irá conduzir o substituto e direcionar suas ações. Daí a diferença entre um bebê e outro, são meros casulos de espíritos que narram e nós (enquanto somos humanos) estudando para compreender o desenvolvimento do recém-nascido; nunca entenderíamos tudo, já que as explicações não estão no reino da matéria (se é que essa condição "espírito" não é matéria).

William – o grande problema em começar a narrar é que não me recordo de muitas coisas da minha infância e sobre o que deveria ter feito. Meu pai, um luveiro, contou-me que nasci em Stratford-upon-Avon, no condado de Warwick e sei que até os 13 anos de idade não pensava muito em ser alguma coisa, em escrever. Comecei a trabalhar nessa época e é nesse momento, quando fazia o que não gostava (ajudando o pai, guardador de cavalos, bastidores de teatros e outras insignificâncias), é que pude imaginar uma outra vida. Acho que sonhar é isso: imaginar estar onde não estamos agora, ver um fio de esperança no desespero sufocante da falta de sentido.

William – nos bastidores do teatro, da visão dos atores aplaudidos ou vaiados, sendo recebidos com fervor ou com tomates podres, mas sempre vistos, veio a ideia de que ali havia um espaço em que eu podia ser algo, em que meus sonhos se tornariam possíveis. Comecei a atuar em pequenos papéis. Por vezes, entrava e saía do palco sem dizer uma palavra, passei a escrever peças, a escrever mais e mais e até que começaram a gostar daquilo que eu escrevia: encontrava na escrita teatral um pouco do que chamamos de sentido da vida.

William – mas paremos um instante, espere, por que narramos tudo com tanta coerência e de um modo linear? Não, não foi bem assim. Em meio ao desespero da vida real, da falta de perspectiva e vivendo em um mundo onde tudo estava feito por outros, de modo que só cabia seguir as regras, por vezes, a bebida ou o amor são as possibilidades de escapar do determinismo que apequena. Desposei Mary Arden, bem naqueles momentos em que a cabeça de cima perde para a de baixo e que os efeitos são impossíveis de controlar: um filho, dois e nem contei mais (quem conta quantos filhos temos?), nascem, morrem e tudo passa — mal damos conta de cuidar da própria vida — ali estava eu: preso a uma camponesa, em uma região periférica da Inglaterra e morrendo cada dia, deixando de fazer aquilo que gostava. Parti para Londres para encenar minhas peças e fazer da minha vida o próprio palco.

William – ainda preciso lembrar mais antes de começar a escrever. Espere! Espere! Não era apenas eu, tinham outros comigo que me julgavam enquanto eu vivia! Poderei eu julgar a própria vida e me manter fiel ao julgamento, mesmo estando morto? Lembro-me do conselho que Benedito me dera uma vez "Felizes os que ouvem enumerar os seus defeitos e podem com isso corrigir-se... Os sarcasmos, as sentenças e as balas de papel lançadas pelo cérebro terão o poder de nos desviar da rota traçada pelo nosso temperamento? Não. É preciso que o mundo se povoe...", mas não lembro de onde conheci esse Benedito, ele era real? Sim, ele é meu personagem em "trabalhos de amor perdidos"! Ah, como queria ter refletido um pouco mais sobre essa escrita e ser coerente em minha vida com os conselhos que dou para os outros! Por que sabemos tudo da vida do outro e nada da nossa? Pórcia estava certa também ao dizer "Se fazer fosse tão fácil como saber o que se deve fazer bem, as capelas teriam sido igrejas e as choupanas dos pobres, palácios principescos. Bom predicador é o que segue suas próprias instruções. É-me mais fácil ensinar a 20 pessoas como devem comportar-se, do que ser uma das 20, para seguir a minha própria doutrina...". Ofélia dizia algo parecido para o irmão Laertes "[...] caro irmão, não faças como alguns desses pastores que aconselham aos outros o caminho do céu, cheio de abrolhos, enquanto eles seguem ledos a estrada dos prazeres, sem dos próprios conselhos se lembrarem...", tantas lições, tantas pessoas com quem convivi e frases ditas e escutadas que inventaram o humano como conhecemos hoje. É preciso relembrar mais antes de escrever. O que estou fazendo aqui? Isto é o céu ou inferno verdadeiro? Durmo ou velo? Sou louco ou tenho juízo? Ah, maldito ciclone que faz tudo girar permita-me achar um lugar em que possa deixar de ouvir fantasmas, de ser remexido pela vida, pela arte, pelas ilusões e sei lá mais o que; tantas palavras, tantos estímulos para um pobre espírito como eu. Espere, meu caro Antoine Gramsci! Vou narrar, mas preciso ouvir essas pessoas que estiveram comigo, porque a análise da própria vida não se dá no vazio, na ausência de pessoas, mas, sim, nas relações, na e pela sociedade. Não queria relembrar friamente, eternizando os momentos de glórias e acelerando os fracassos, até porque a parte narrada é sempre irreal: os melhores momentos que vivi seriam desinteressantes para um expectador contemplar. Ele amaria mais o sofrimento que passei, a ruptura, a vontade de morte do que qualquer dia feliz. "Esse relato está louco de todo, tal como eu. É ilusão tudo o que vemos. Daqui nos tire algum poder celeste!". Malditos personagens de minhas peças que insistem em falar pela minha memória! Cala-te, Antífolo de Siracusa, saibas que a "Comédia dos Erros" eu escrevi quando nem sabia o que era uma comédia ainda. Ah, você me deu uma ideia! Será que consigo relembrar saindo do presente e tentando me imaginar com a imaturidade da época?

CAPÍTULO II

ESPÍRITO LITERÁRIO SHAKESPERIANO: FRAGMENTOS DAQUILO QUE FUI

William – toda a Inglaterra era estranhamente desvinculada do que é o ser humano. Muitas pessoas nasciam, uns poucos chegavam até a idade adulta e a maioria morria de trabalhar, enquanto uns privilegiados podiam viver do seu modo, desfrutando dos prazeres e de tudo o que a vida poderia oferecer. "O mundo para mim passava a ser um palco em que representamos um papel, sendo o meu muito triste. Bem disse Macbeth, "A vida é apenas uma sombra ambulante, um pobre cômico que se empavona e agita por uma hora no palco, sem que seja, após, ouvido; é uma história contada por idiotas, cheia de fúria e muita barulheira, que nada significa...", e, ainda assim, aqui estou tentando pensar como será a nova vida que foi engendrada e quais princípios valem a pena escolher como sendo dignos de serem buscados.

William – deixei tudo de lado, escolhi apresentar as minhas peças enquanto vivia, realizando na ficção o que não podia realizar na vidar real, misturando o meu eu e diluindo-me em cada um de meus personagens. Quando a mulher é uma camponesa pobre e inexiste um amor arrebatador, surgiu "Romeu e Julieta" — um sonho de ser arrebatado por um sentimento tal que nos faz esquecer de tudo e se entregar completamente ao amante; faz-nos deixar a família, causar a morte de muitos, tudo para manter o direito de tentar ser feliz. O amor, foi esse meu maior legado? Será que ao menos descrevi o que era o amor ou fiz igual Cláudio em "Muito barulho por nada", que preferiu não pronunciar nenhuma palavra para descrever o que sentia por Beatriz, já que a palavra seria insuficiente para expressar tal sentimento;

tal como Cordélia diante do rei Lear, que também não era capaz de mostrar ao pai o quanto ela o amava — o pai que não entendeu o amor que ela tinha — e a filha fora severamente punida por isso. Como posso descrever agora a vida de Antoine? Vou esperar estar pronto e me preparar para isso, enquanto as coisas passam? Será a vida uma preparação que ao término do preparo a situação para a qual estávamos nos preparando já é outra? Se a vida não está estabelecida e não conseguimos entendê-la no momento atual, qualquer caminho é um caminho digno de ser escolhido, mas deve existir uma esfera de valor que perdure ou eu não seria obrigado a narrar. Poderia deixar Antoine decidir por si só, no entanto, após tudo o que passei era para eu ter conseguido saber o que é o bem e o mal e fazer minhas escolhas. Quem disse que conseguimos separar racionalmente as coisas desse mundo? No meu ímpeto onírico de viver um amor também está a repulsa pela convivência, a vontade de morte assim que o desejo é alcançado. Ainda bem que eu tive como matar "Romeu e Julieta" na ficção para não ter que matar William e Mary na vida real. Quem suporta tantas voltas, tantos discursos! No fim, só queríamos dar sentido para nossa existência, fantasiando conquistas, amores, declarações pungentes. Ah, as palavras! São sombras necessárias, simplificações de um mundo que nos escapa, fragmentos de uma realidade não aprendida, mas que precisa ser vivida.

William – e era preciso narrar! E era preciso tomar posição ainda depois de morto, nesse ciclo infindável de estar no mundo ou no limbo dos espíritos desequilibrados. Ah, Lady Macbeth! Tão sábias fostes ao dizer para o marido que era preciso agir para dar forma aos devaneios noturnos e sonhos de grandeza, já que nada adianta a paixão triste de ver grande e ficar parado esperando que um milagre aconteça. Agir! Agir é o segredo de tudo? Então, por que a ação do Hamlet de vingar o pai morto desencadeou tantas tragédias? Qual é a forma que devo dar ao meu Antoine? Talvez, sejamos presunçosos o bastante para imaginar que a história narrada é sobre nós, sobre o ser que nasceu ou sobre o resíduo espiritual que estou e que pretende fazer a si mesmo! Quem sabe a vida não seja nada mais do que relações intermináveis de movimentos alternantes que permitem apenas a contemplação da beleza, das formas, da junção ao todo. Morrer! Eu que pensava que era o fim de tudo, que na morte encontraria não o descanso e nem o repouso, mas que deixaria de encontrar qualquer coisa para desaparecer deste mundo como se nunca tivesse existido. A minha vida era uma centelha de nada viajando sem destino e nunca me pertencendo, mas, sim, sendo uma partícula de organização que me escapa.

DESEQUILÍBRIO

William – acho que agora é o momento de começar a narrar, a dar forma ao novo ser. Espero que tenham entendido quem foi esse tal de William Borges! Ah, eu não consigo me lembrar das coisas que se passaram tal como elas foram! Eu morri faz pouco tempo ou morri no século XVII? Quem eu sou, de fato? Lembrei-me de minha vida ou de minha literatura? "Como quisera" lembrar de tudo e ordenar o relato, mas muitos papéis cada um tem no seu tempo e o mundo é amplo em demasia para pernas e mentes tão mirradas como a minha, de olhar comprometido por uma névoa amarelada, por cores e formas que assaltam nossa percepção, por paixões que nos embotam os sentidos e pela distância entre o meu relato e aquilo que você percebe dele. Meus pensamentos, como ondas, estão indo e vindo desde a infância até a minha última idade — eu nem sei se lembro ou se esqueço aquilo que estava contando. Eu precisava esquecer um pouco mais das coisas para ser capaz de lembrar de outras, como os idosos contando as histórias, focando em cenas fragmentadas que são preenchidas com a potência momentânea da necessidade de narrar.

Tudo está um caos em minha narrativa das reminiscências vividas. O mundo parece ser o caos que Zeus nunca ordenara; Zeus foi uma simplificação do caos e Cronos parecia estar descontrolado, escapando da prisão onde tinha de ficar. No limbo residual dos espíritos, não existe tempo, não existe espaço, não existe qualquer dimensão capaz de segregar a dar um aspecto de logicidade a uma narrativa, mesmo que seja o espírito William Borges, livre da carnalidade, mas ainda influenciado por espíritos de outras espécies, um em especial que escolheu a abnegação, que foi indiferente a muitas coisas desse mundo, que partiu para o eterno caos em uma época que o mundo era bem menos badalado do que fora quando da morte de William Borges, naquele espaço que parecia um hospital, naquele contexto de perda de si.

O espírito que saiu do mundo em silêncio, mas que foi sendo invocado de tempos em tempos. O espírito que não queria narrar nada e que se calou ao chegar no não lugar dos resíduos espirituais — diz-se que quando o espírito rejeita narrar, quando abdica da continuidade da existência e da obrigação de continuar escrevendo o destino do outro ser que é reencarnado, essa existência é dissolvida entre todos aqueles espíritos residuais que narram e, em alguns casos de espíritos mais poderosos, uma parte desses fragmentos espirituais afetam a vida daqueles que estão na terra. Foi o que aconteceu com William Borges, ele herdou o primeiro nome do grande espírito desgarrado: William Shakespeare, essa entidade que entrou na vida de todo o Ocidente após o século XVII; que confundiu gerações românticas, que foi tão ambíguo como fora o mortal Shakespeare; um ser que reencarna literariamente e que afeta mais a vida dos humanos do que a escrita de qualquer destino construído pelos narradores residuais. Muitas pessoas, tendo uma vida inteira pela frente, simplesmente fecharam as portas para o que tinham no presente e foram ler peças e sonetos; reviraram a mente em busca de explicações e leram subjetividade onde havia apenas esquecimento; estabeleceram relações aos improvisos do acaso. O desgarrado — que vivia no seu tempo e para as suas apresentações — não só fez sucesso nas cortes da época, mas estendeu seu palco pela eternidade vindoura e da melhor forma possível: ele não mais estaria fisicamente para explicar nada e nem precisaria se preocupar em ser compreendido, pois em cada ser afetado, um novo William Shakespeare surgia, com a pretensão de ser a representação do original, embora o original também fora produto daquilo que foi representado. É o espírito dos leitores e expectadores que deixaram o corpo do Shakespeare enriquecido de tantos atributos.

William Borges nunca fora; na verdade, William Borges era apenas um estado imagético, um arranjo material que estava prestes a se desorganizar: o espírito narrador, aquele que acordara justamente no quarto de um hospital, acordara, porque estava deixando a carnalidade; é um processo conhecido de todos: quanto mais na carnalidade estamos, menos consciência temos do espírito e a morte ou a sensação de morte é o primeiro passo para a abertura da sensitividade espiritual; veio o nome William Borges, mas o espírito fora em vida William Shakespeare e fora também Jorge Luís Borges; é o espírito literário que se reencarna de tempos em tempos, que narra de quando em quando e para de narrar diante morte, tendo um lapso mnemônico quando a morte física do substituto acontece e recomeça com outra vida (agora, do bebê Antoine Gramsci, cuja história ainda está por ser narrada).

William Borges, ao relembrar da própria vida, regressou para vidas anteriores em vez de lembrar de sua vida mais recente. Os espíritos são desorganizados, entram em corpos distintos, coabitam em um mesmo corpo (daí tantas pessoas com comportamentos contraditórios, com duplas ou triplas personalidades); um espírito narra concomitantemente a vida de dois ou mais seres viventes e os espíritos são sempre afetados pelos pensamentos de todos os homens que já viveram; é uma confusão tão grande que a ideia de conduzir para uma finalidade delimitada *a priori* só pode ser coisa de um pensamento racional, esfacelado e mitigado pelo insuportável desejo humano de dar sentido ao que não tem.

DESEQUILÍBRIO

O homem, por vezes, toca no indiscernível aspecto do mundo: um pesadelo, uma obra de ficção, produtos de rachaduras espirituais que permitem ao limitado humano ver pelo buraco da fechadura a realidade daquilo que é a existência. A sabedoria é dada em doses homeopáticas e a divindade ciclônica precisa produzir movimentos, fazer com que a carne possa avançar paulatinamente até estar apta para receber um espírito em toda a sua plenitude e não apenas receber (como atualmente ocorre) inspirações espirituais provenientes da narrativa dos resíduos dos que morreram. O espírito que narra também é perturbado, porque não tem acesso ou controle sobre toda a experiência dos sentidos do ser que vive — o humano passa a ser um receptáculo de forças contrárias, oscilando ora para um lado e ora para outro, sofrendo todos os efeitos de estar no tempo e no espaço e, ao mesmo tempo, produzir consequências que superam essas concepções limítrofes.

Talvez, a narrativa das vidas anteriores não seja uma confusão do espírito de William Borges, mas a mais fiel das definições dadas do que nós somos realmente ou daquilo que nós estamos. O segundo nome Borges está imbricado em pensamentos de uma existência cósmica, uma superação de si. É tolo demais imaginar que no movimento do mundo e em meio a processos tão complexos, em meio a um planeta tão pequeno diante da imensidão do universo e o homem menor ainda diante do planeta e do tempo em que ele existe (seja na forma de planeta ou em outra configuração material anterior), a existência de uma dada pessoa se justifique por ela mesma. Imagem simplista é pensar que tudo pararia e que o nascimento (esse ato tão banal, corriqueiro e absurdo) fosse a rocha que sustenta uma pretensão de exclusividade; de deixar uma marca tão indelével nas pessoas e no próprio mundo, a tal ponto de dizerem para todo o sempre: esse foi William Borges! Quantos William Borges passaram? Quantos existiram ao longo da duração da vida desse homem e qual parcela lhe é exclusiva, é-lhe própria? Tirem o que é de Shakespeare, tirem o que é de Nietzsche, o que é de Freud, o que é instintivo, o que é da filogênese, o que é do espaço em que ele está inserido, da cultura nacional em que vive, da condição financeira em que nasceu, das características das famílias e de muitos outros aspectos e vejam o que sobra.

William — "Temos muitos anseios, entre eles o da vida, o de ser para sempre, mas também o de cessar, além do temor e de seu avesso: a esperança. Todas essas coisas podem realizar-se sem a imortalidade pessoal, não precisamos dela. Eu, pessoalmente, não a desejo e a temo; para mim, seria horroroso saber que vou continuar, seria horroroso pensar que vou continuar sendo Borges. Estou cansado de mim mesmo, do meu nome e de minha fama, e quero me libertar disso tudo..., mas cada um se considera grande, cada um tende a pensar que sua imortalidade é necessária. Eu não acredito nisso. Talvez, o mais importante é que não recordamos de maneira precisa, talvez, o mais importante seja o que recordamos de forma inconsciente. Direi que acredito na imortalidade: não na imortalidade pessoal, mas na cósmica. Continuaremos sendo imortais; para além de nossa morte física fica nossa memória e para além de nossa memória ficam nossos atos, nossos feitos, nossas atitudes, toda essa maravilhosa parte da história universal, mesmo que não saibamos e é melhor que não saibamos." Agora ficou o resíduo do que fui e os atos das minhas vidas passadas, de quando fui Shakespeare, de quando fui Schopenhauer, de quando fui Nietzsche e de quando fui Borges (ou estou sendo ainda Borges, não o sei, já que a tomada de consciência da carne expulsa a presença do espírito — quem sabe o Borges ainda vive em algum lugar do mundo material), tudo isso continuará reverberando nas vidas das pessoas que lerem. O escritor que alcança a imortalidade e que deveria descansar após ter deixado sua marca, mas, ao mesmo tempo, é incumbido de escrever mais, de responder pelos erros interpretativos de seus leitores, por não ter sido claro o suficiente, por ter sido deturpado em um momento. Poderíamos, quem sabe, dizer que todo o escritor vai para o Inferno, entendendo a palavra como sendo um nome que designa a obrigação de continuar existindo mesmo após a morte e tentar cicatrizar os efeitos dos movimentos que sua escrita causou e continuará causando. E era necessário narrar! A morte libertadora só o é para o insignificante e o preço de ser conhecido é ter de prosseguir existindo muito depois do descolamento corporal que marca o que chamamos de morte física. Bem fez o desgarrado em não querer narrar: narraram e narrarão por Ele.

CAPÍTULO III

INDISCERNÍVEL:
A INESCAPÁVEL TENTATIVA DE SER

William Borges relembrou e relembrou de suas vidas passadas, de quando fora essa plenitude que se espalhou pelos mundos e que um dia foi chamada de Skakespeare e contaminou a vida de Borges e de tantos outros que haviam sido, que estavam sendo e que serão ou que nunca serão, pois o ser não podia deixar de ser. A vida do ser e do ente é simplificada pela inadequação do verbo, mas que no liame das relações, aos poucos é compreendida por aqueles que contemplam a existência no universo da matéria.

A conexão estava feita e o espírito de William Borges desce até Antoine Gramsci e desce de uma vez, sem perceber o que havia entre o não lugar espiritual e a existência na terra. A visão que fora ofuscada paulatinamente naquele quarto de hospital e que se misturava com o desmantelamento do ser, pouco a pouco, voltava ao espírito narrador. Era tudo escuridão, era lúgubre, úmido e fétido demais e uma luz apareceu e foi tão intensa que ofuscou os novos olhos do espírito reencarnado, a luz apagou e acendeu novamente e assim se fez durante um período não mensurado (o tempo ainda não fora dado, não havia antes, durante e nem depois e tudo simplesmente acontecia em seções irregulares e ininterruptas). O tempo do menino Gramsci existia, mas não tinha relação com o casulo (dentro ou parte de algum lugar na cabeça de Gramsci, onde o espírito narrador de William se encontrava). Concomitantemente, às oscilações de trevas e luz intensas, veio também a percepção de um odor e de um cheiro suave e a alternância entre os estados era abrupta, sem dar tempo de uma adaptação. O frio era terrível e transmitia a sensação como se os dedos congelassem, como se o sangue estivesse coagulando dentro do corpo e depois um calor que derretia a pele e fazia o ser se desfazer como a cera de uma vela diante das chamas. O tato foi infectado pelo misto de sensações das mais variadas texturas e o paladar sentia os piores gostos e os melhores, e todo o espírito foi impactado pela indesejável existência da carne. A sensação, assim que a primeira ordenação do pensar espiritual se perfez, é de que a carne é suja, ela é podre e causa desconforto. O espírito foi purificado pelo excesso de sensações e ora desejava o orgasmo carnal do desfrute de instantes de sensações prazerosas e ora desejava retornar para o não lugar, aquele não lugar onde o ciclone o impeliu a narrar.

Janelas se abriam para o mundo e borrões disformes surgiam. Era o mundo material, aquele mesmo mundo do qual, não soube mensurar quando, ele havia saído, ele fora retirado, na verdade, e sentia (mais instintivamente do que pela razão) que estava diante de um local conhecido. O reconhecimento das primeiras formas pela visão foi muito difícil e parecia que o corpo de Gramsci em que o espírito habitava estava misturado com o todo. As mãos jaziam grudadas no ar; o ar nem era usado para respirar, pois fazia parte do ser e aos poucos tudo foi ganhando limites. Agora William Borges já enxergava a realidade separando-a em categorias primárias e evoluindo em um processo lento e sofrido até que sua visão atingisse a capacidade de contemplar o mundo do modo que ele lembrava quando estava encarnado em sua totalidade e não agora como um dos atributos contido na rede neuronal do pequeno Antoine.

William não conseguia se mover, mas via o mundo pelos olhos de Gramsci. A audição e os outros sentidos ainda estavam se metamorfoseando e não podiam ser usados de modo adequado. William via tudo por um foco inconstante da visão do bebê que não controlava para onde deveria conduzir seu olhar. E viu e assistiu as coisas acontecerem e ele queria narrar. A primeira parte da escrita da narração da vida de Gramsci era "Levante-se e olhe ao seu redor!", nada aconteceu e a ordem não foi seguida. Pensou que, talvez, precisasse modificar o seu comando e tentou novamente usando os enfeites da escrita literária: "E o menino Gramsci, com as pernas ainda enternecidas e com toda a concentração de sua vontade interior, apoiando as mãos no chão, depois, fazendo com que todos os membros o ajudassem, deu um impulso para cima, segurou na beira da cama, com as pernas trêmulas e vacilantes, ficou de pé, caminhou alguns passos com ajuda de uma força explosiva e, em seguida, olhou ao redor para ver onde estava e se posicionou no mundo pela primeira vez!", outro fracasso já que o corpo do bebê não respondia adequadamente aos anseios de seu inconsciente e William Borges estava contemplando um teto, e depois algo similar ao seio materno (aqui vai uma

DESEQUILÍBRIO

confissão: ele gostava desses momentos em que via a intimidade das pessoas que se despiam na sua frente, como se ele não estivesse lá, mas acontecia, às vezes, bem na melhor parte, de o olhar ser desviado por alguma influência externa para um objeto luminoso ou outra infantilidade qualquer, ao invés de observar as tão voluntariosas belezas femininas que cuidavam de Gramsci).

A visão do bebê era escrutinadora e parecia tentar entender tudo ao seu redor, mas sem nenhuma lógica racional conhecida. Ali, deixado em um tapete forrado no chão do quarto de sua mãe, ele remexia suas mãozinhas de um lado para outro e elas tinham "vida própria". O correto seria dizer que suas mãozinhas eram remexidas de um lado para outro, sem um sujeito que remexe, sem ação, mas havia movimento e uma espécie de controle que fazia com que o ser vivente vivesse. Nem William e nem Gramsci direcionavam a ação do bebê; o primeiro tinha passado da desencarnação após a morte, da incerteza do reino dos espíritos e somente, de modo bem lento, para o estado em que conseguia usar a visão, perceber os objetos que se apresentavam perante o olhar não controlado de Gramsci. O segundo era esse ser indiscernível e estranho, cujos próprios atributos são desconhecidos e que não comporta nenhuma definição, nenhuma fronteira, pois está na carnalidade; é uma mescla de toda a contradição, de substância que só conseguimos entender quando fazemos a tentativa de isolar em categorias, mas que ao isolarmos, perdemos a possibilidade de compreender as relações que produzem a energia da vida, fora que, do ponto de vista do conhecimento, ainda somos partes observando a mesma parte e sofremos (em nossa constituição) da mesma contradição que tentamos entender no outro.

Somos produto do indiscernível, em constante desequilíbrio. E o que sobra? Sobram atos manifestos e vividos mesmo sem compreensão porque o tempo não para e o tempo nem é. Ali, deitado no tapete com os bracinhos e pezinhos agitados de um lado para outro, estava o pequeno Antoine e sem perceber o que era seu, sem se perguntar o que era seu, sendo ele o mundo todo e não uma parte que é categorizada e chamada de humano. Talvez, na nossa confusão da idiotia e pretensão de ser racional, de se ver como único ser vivente que percebe a si mesmo para além dos sentidos imediatos, que se projeta na ficção definida como tempo e vive em estados que não são os nossos (passado e futuro), estejamos regredindo e caminhando para a involução. O bebê (categorizado como menos racional — como se esta palavra trouxesse em si a categoria de superioridade —, taxado como um ente cuja inteligência está se desenvolvendo), é provável que seja um ente em que a inteligência definha, pois aos poucos abandona o Uno em que está ligado quando nasce (já que no início da vida o humano não percebe a si mesmo e o mundo — não há dualismo e ele se vê como o próprio mundo) para entrar na fase egoísta, na pretensão de se fazer como indivíduo, e cada vez que uma definição é alcançada (definir significa limitar), parte considerável de seu ser é arrancada da existência em nome do conforto de ter a sensação de entender, de sair do desequilíbrio para o equilíbrio e se colocar como alguém que existiu durante a história da humanidade. O Uno não se deixa ser fragmentado pela arbitrariedade de uma de suas partes que pedem o direito de ser particular e, por isso, sempre impõe ao desagarrado humano, dúvidas das mais cruéis, jogando-o na imensidão da incerteza e enchendo-o com o medo do futuro, a perda de si. O Uno é cruel e permite que o rebelde desgarrado contemple janelas do que é o todo, mas não mais e é por isso que os escritores como William são castigados a narrar, a escrever a história de outros e mais outros sem um até. O impulso de compreender a si, a angústia de compreender para se posicionar é a resposta cósmica de que não há posições quando tudo simplesmente o é, quando tudo é Uno, não há lugar e a busca por um lugar é a falsa percepção de movimento próprio. Elementos com características indiscerníveis e que continuarão assim: meras repetições de estados e quando achamos que estamos indo em uma direção, talvez, estejamos correndo atrás do vento e dizendo as mesmas coisas com palavras diferentes, achando que é inovação e nos iludindo com a ideia de transcendência do estado em que estávamos, pois a pausa flutuante no nada faz de nós um nada.

Na imagem do Antoine deitado e com os movimentos involuntários sobre o tapete estendido no chão, o espaço parece se contorcer perante o bebê e a visão de adultos andando de um lado para outro, pegando-o e colocando-o ora aqui ora acolá; movimentos que invadem o corpo em formação e de constituição tão frágil e mesmo as mãos da mãe são por demais invasivas. Ela aperta, ela coloca no chão, ela sufoca na hora de amamentar. Antoine via algo se mexer (eram suas mãos) e olhava aquilo indo de um lado para outro e esse algo mudava de direção, ora caía por sobre o corpo ou debaixo dele e produzia sensações doridas e um encadeamento de reações dos mais intensos. Colocaram-no em um tapete felpudo pensando em lhe dar conforto e sem perceber que aquilo era contingente, que parecia grudar na pele. Levantaram-no e o acomodaram em um leito semelhante a uma depressão, como se fosse uma concha que envolveu todo o pequeno corpo, fazendo com que o único espetáculo possível de ser contemplado fosse a parte superior do ambiente, o alto. Assim, deitado de barriga para cima e já sujo após ter realizado (simultaneamente) o processo de produzir e expelir fezes e urina, ficou ali sobre si, naquela sensação de nojo misturado com um calor ardente que produz leves queimaduras. A dor era uma constante, mas o deixaram imóvel enquanto algo deveria estar acontecendo antes de um adulto perturbá-lo novamente.

William não sentia corporalmente o que se passava com Gramsci, mas era afetado pelas sensações do corpo e angustiado por ter a noção racional do absurdo de os pais se atreverem a deixar uma criança sentir tanto incômodo sem fazer nada para atenuar o sofrer. William lembrou-se de sua mãe e por um tempo ficou em estado de semiconsciência tentando imaginar o que fizeram com ele enquanto esteve tão fragilizado como o atual Antoine Gramsci. Projetou em si o sofrimento, criou narrativas na memória desse sofrer e percebeu a necessidade de se comunicar o mais rápido possível, não apenas comunicar narrando ao bebê Gramsci, mas transmitir aos adultos responsáveis pelo cuidado do infante, o que precisava ser feito.

Gramsci parou de se mexer e estagnou sua visão por um instante. Viu o que nós sabemos ser um humano do sexo feminino que cuidava dele, mas que para a criança era algo seu, uma parte de si mesmo. E ele concentrou esse olhar que já começava a se desenvolver cada vez mais, mas ainda sem segmentar o mundo em formas e cores. Esses borrões que invadiam a vista do corpóreo Gramsci e sua consciência ainda em processo de construção, uma síncrese de toda a forma de impulso não percebida conscientemente, mas que colonizam o indivíduo, fizeram com que ele olhasse mais profundamente. No quarto em que ele jazia sobre o leito, estava uma mulher nua e que andava com o corpo relaxado, fazendo seus rituais para iniciar um banho e, ao mesmo tempo, desligando-se das conveniências necessárias do convívio na sociedade. Lá, naquele quarto e sozinha (com o bebê), as roupas incômodas são jogadas, os processos químicos que produzem o odor corporal, tanto o suor, os gases e demais fluídos, passam a circular livremente, sem aquela necessidade de contingência, onde a mera manifestação da nojeira do humano é vista como falta de educação. Gramsci ficou contemplando e vendo toda a nudez. Sua visão adentrou nas particularidades mais explícitas do corpo feminino (que para ele era o próprio corpo) e parava em detalhes observando o que acontecia.

William foi submetido a todas essas visões aterradoras, de quando a mulher abaixou para pegar uma touca de banho que estava no chão e revelou toda a indiscrição de quem age quando está sozinha, ou seja, de quem não se preocupa com a ação, com a aparência dos movimentos manifestos e dedica a parte consciente para uma finalidade objetiva (no caso era tomar banho e dar banho no bebê). A cena não foi julgada moralmente em um primeiro momento por William Borges; ele estava impactado com a imagem do corpo voluntário, esse corpo que apesar de estar contido e limitado em uma organização percebida pela visão de quem foi adulto, foi espírito e percebe formas, parecia diferente em cada instante. O formato da perna mudava de acordo com a posição, a barriga ia de um lado para outro e por momentos consideráveis, William, que se julgava conhecedor do sexo oposto em idos de boemia, percebeu que conhecia a parte que lhe era mostrada e que a nudez, o sexo e os atributos que despertam o Eros, tudo isso quando ofertado de bom grado antes de um ato de carnalidade, não é a mulher de fato. Mesmo a configuração física escapa e na capacidade de esconder seus segredos, revelar as partes que os homens mais procuram ver é esconder, tirar de foco, a totalidade do que ela é. As visões produziriam vários livros com descrições imprecisas e toda aquela falta de enredo do autor-espírito (de quando estava radicado no século XVI) teria sido superada se ele fosse capaz de ver a mulher como ela é, se uma mulher tivesse se apresentado inteiramente para ele.

Arranhou a superfície do humano, o fundador do humano: o espírito-narrador, fundou o espírito do homem, deixando o outro sexo sem ser representado e isso o incomodou. William — "Será que entenderam meus livros? Qual é a possibilidade de reabrir a *Megera Domada* ou *Macbeth* e tentar refazer tudo à luz das novas experiências? Já sei, vou tentar narrar! É preciso narrar!". E a reflexão sobre o passado, esse passado que não pertence, o passado do Shakespeare que ele foi, do William Borges que está sendo, que foi ou que será, tudo é por demais irrelevante e a tentativa de corrigir deve ficar para outro espírito, em outro momento, já que julgar após tanto tempo e tantos eventos, é projetar o próprio fragmento que significa ser humano, como se esse fragmento fosse o modelo perfeito, a medida de todas as coisas e, como o processo de existência perdura *ad aeternum*, quem nos garante que o ajuste que o presente faz com o passado, após o presente virar passado, não se torne um desajuste pelo futuro que será presente?

William recordou de sua missão após ser invadido pelo passado presentificado pelas impressões de Gramsci e se preocupou em se comunicar. Em agir para que conseguisse elaborar sua narrativa e cumprir o desígnio dado a ele pelo ciclone. O período desde a ligação com os neurônios de

DESEQUILÍBRIO

Gramsci foi um período de estrita passividade, sem conseguir narrar nada e sem saber o que ocorria de fato no mundo externo ou quanto tempo havia passado para o bebê que deveria ter suas ações tecidas pelo espírito narrador. Seria tarde demais? William estava mesmo na rede neuronal de um bebê ou todo aquele processo de adaptação ao novo ser, da busca por lembrar quem ele era, talvez, tivesse sido algo tão longo que estava em um corpo idoso e deitado porque as próprias forças já se mostravam em declínio? A ausência de dados externos era enlouquecedora! De que adianta ter toda a informação do mundo sobre o que precisa ser feito, a resposta buscada acerca do que acontece após a morte? Nos processos de reflexão, mais uma vez, William se distraiu da vida presente de Gramsci e começou a imaginar que se o bebê não fosse mais bebê e estivesse perto da morte, outro espírito seria alçado ao plano do não lugar e teria de narrar de novo e ele (William Borges) seria incomodado pela soma de um outro nome: William Borges Gramsci — o desequilíbrio permaneceria. Outro pensamento passou pela mente: e se William Borges já cumpriu sua obrigação de narrar a vida de Gramsci e agora não é entendido, porque sua missão já acabou? Talvez, nesse misto de eventos e planos existenciais, a mente de William já estaria em processo de desagregação para juntar ao todo e se desfazer rumo ao paraíso que consiste em não mais perceber, desaparecer no Uno e não manter mais nenhum atributo daquilo que ele fora.

Um átomo desgarrado de Shakespeare fez com que todo o espírito de William Borges fosse acordado dos devaneios existenciais após a existência. O bebê Gramsci, durante descuido do descuidado William que olhava mais para dentro do que para fora (apesar de as imagens de fora serem contínuas e nem mesmo no sono de Gramsci é possível deixar de ver e quando o substituto dorme o espírito narrador vê sonhos e projeções ou fica vendo imagens dos sentidos que permanecem ligados), foi levado para o banho e teve todo o choque das sensações que a água provoca em quem ainda não naturalizou os estímulos que chegam até os sentidos. O átomo fez com que o Wiliam deixasse de lado as dúvidas sobre seu estado atual (se o Gramsci era ainda um bebê ou se era já um idoso) e voltasse para Gramsci. E era preciso narrar, mas como? E era preciso viver também, mas como? Viver, narrar, sabemos o que é, até alguém perguntar como o processo se dá.

William, talvez nesse universo da não linguagem (a forma de o espírito narrar não coincidia com nenhum dialeto conhecido) exista uma maneira dar sentido ao que escrevemos, uma espécie de juízo de valor sobre o formato, sobre a qualidade da escrita e tudo se encaixe em uma categoria semelhante à dos críticos literários. As imagens se apresentam como *insights* do ambiente externo e é preciso anotar cada uma dessas imagens (que são muitas e ininterruptas) para conseguir utilizar uma linguagem acessível e que possa ser entendida por Gramsci e por aqueles que estão em seu entorno!

William estava sendo censurado por pessoas que desconheciam, por um ser que não o entendia, e, de condutor, de Moira do destino, passara a ser um expectador que viaja em um corpo sem vontade, sem direção, que para quando ele quer se mover e se move quando quer parar. A vista da figura feminina, o desconcerto diante da percepção de que sendo ser espiritual ou carnal, ainda assim, só é possível manter a razão e narrar adequadamente se o corpo, como órgão do sentido, for direcionado por alguém e não quando o olho oscila de um quadro para outro, indiscriminadamente. Bom, enfim, não é o desejo da criança pela mãe, por ver sexualidade nos genitores e, sim, a total ausência de sentido que circunda o ser ainda em processo de ser e que ao olhar para o outro, imagina olhar de modo curioso para si. Apesar da maior ignorância das "concepções" dos bebês, se estamos vivemos e convivemos, sendo um processo degenerativo que se configurará em outros seres e que deixa "partes" a toda manhã na renovação celular, talvez, Gramsci estivesse mesmo vendo a nudez do próprio corpo, não a nudez, pois se tudo é o Uno, não há roupas, não há nudez e nem qualquer parte. Tudo o é como só poderia ser: uma inescapável movimentação no mesmo. A falta de uma consciência em Gramsci, a imaturidade da criança, tudo era um obstáculo para qual William não estava preparado, já que este último se acostumara a escrever e ver seus atores desempenhar exatamente aquilo que ele estava propondo. O escritor espírito-narrador estava escrevendo uma história que ninguém entenderia e que não seria lida dessa vez.

CAPÍTULO IV

THEO-AGONIA: DEFORMAÇÕES DA CRIAÇÃO

A missão de contar a história do ser era muito mais complexa do que a noção imaginada de quando William Borges pairava por sobre o não lugar e fora incumbido da chance de recomeçar, aquela chance que sempre está conosco ao longo de nossas vidas, principalmente nos momentos em que "escolhemos" de modo errado e lamentamos como nunca pela vontade de voltar ao estágio anterior à decisão com pensamentos como: "Ah, se eu soubesse que seria assim!", "Se eu ao menos sonhasse que as coisas se passariam desse jeito!", "E se eu não tivesse feito isso, hoje, com certeza, estaria melhor!". Claro que existem os casos em que a pessoa se alegra daquilo que fez, mas ainda fica a sensação de que tantas vidas possíveis que a mesma configuração de matéria engendrou, apenas uma em detrimento a todas as outras foi vivida. Morremos muito mais vezes do que vivemos! A cada encruzilhada, a cada mínimo ato que, de um modo ou de outro, desencadeia uma reação em série que afeta a quem age e a quem sofre os efeitos da ação.

O mal de William era a não experiência corporal do eu agindo, estando compelido a perceber a ação de outro. Um indivíduo por mais reflexivo e introspectivo que seja é arregimentado pelas necessidades corporais mais latentes e por longos períodos deixa de pensar para sentir fome, sentir frio, sentir prazer e sua racionalidade insuportável fica suspensa por esses instantes, havendo um lapso para que os pensamentos se arranjem e um novo ânimo o permita refletir sem a tensão de uma continuidade sufocante. Nem a noite era um refrigério para ele, pois não dormia e a continuidade de momentos despertos na racionalidade o levava para o Cume do Desespero. No seio do abandono noturno, o tempo não é mais, com efeito, enfeitado com atos nem objetos: ele evoca um nada crescente, um vazio em plena dilatação, comparável a uma ameaça do além. Sem as ficções de outro dia, outra semana ou outro ano, não se tem a sensação de começar nada e nem de segmentar aquilo que começamos: não há afastamento e parece um inferno tal como aquele de passar a eternidade dizendo: "Santo, santo, santo é o senhor dos exércitos!".

As sensações dos banhos de Gramsci foram percebidas cada vez de modo mais visível e William, agora, já conseguia captar um pouco do mundo pelo tato, imaginar o gosto das coisas e ouvir barulhos dos mais variados. Em um daqueles dias inesquecíveis, quando o movimento da visão e a percepção de que o braço pode se mover de acordo com a vontade, quando a criança em seus exercícios circulares mais banais passara a utilizar o ato de bater nas coisas, de empurrar, de puxar e de construir e desenvolver suas estruturas. William sentiu que pela primeira vez haveria a possibilidade de iniciar sua narrativa e influenciar a vida do infante. Tudo avançava para o desenvolvimento e aprimoramento do espírito narrador e do substituto, até que, influenciado por um espasmo elétrico (movimento inesperado do bebê e vontade de se jogar ao chão), Gramsci cai dos braços de sua babá e sofre lesões gravíssimas, afetando toda sua constituição física, que era limitante, devido a ter nascido com tuberculose óssea.

A coluna foi profundamente danificada, a cabeça ficou inchada e a parte orgânica estava amplamente comprometida. O bebê ficara em estado vegetativo e tudo indicava que o fim estaria próximo: Gramsci iria morrer. Com a quebra do invólucro que chamamos alma e que continha o espírito-narrador, há uma fragmentação de William Borges e uma de suas partes, confusamente é sugada pelo ciclone divino e encaminhada para contemplar um novo processo de reconstrução. William se fragmentou completamente, perdeu parte de si para se manter um pouco daquilo que ainda chamamos de William. William foi derramado ao chão, junto com o sangue quente que jorrava pelas narinas de Gramsci! William foi varrido e lavado pela água que a faxineira jogou para limpar os resquícios do acidente doméstico. William ficou grudado nos curativos e perdeu parte daquilo que era seu. William foi jogado no lixo e viu um cachorro qualquer, daqueles sem raça definida, virar a lata com os resíduos hospitalares, lamber o sangue dos curativos e sem perceber o que era tudo aquilo, William estava em total desequilíbrio: na língua do cão, no estômago do cão, até que, impelido por um último ato de resistência, William é anexado pela rede de neurônios que constituía o animal.

"Ah, os cachorros se parecem com os donos!", uma frase que ecoa desde quando os ancestrais desses animais foram domesticados pelos homens e

DESEQUILÍBRIO

que, ao olharmos bem no físico, no comportamento do dono e do animal, sem dúvida, reconheceremos similaridades, mas somos por demais simplistas em descrever como a relação cão-homem ocorre: acontece que um e outro, produtos da organização cósmica que dá a vida a tudo o que vive, ao viver, deixam suas "partes" pelo ambiente, assim como anexam partes do ambiente em si mesmo. William faz parte do cachorro, do chão, de cada espaço por onde sua essência tocou direta ou indiretamente. Às vezes, nem é o ato de deixar de ser, e, sim, de se dissolver no todo e deixar de ter o controle das partes que escapam e que parecem ter "vida própria" nesse processo de fragmentação até o infinito, que parte do Uno para a menor das partículas que existem. Disseram que o Uno não pode ser dividido ou deixaria de ser Uno, mas se esqueceram que a soma para dizer que há outro Uno e, portanto, dois (o que tornaria ilógico o nome Uno) pressupõe, conforme a regra matemática, que existam iguais para serem somados — não se somam diferentes e partes do Uno não são outro Uno e, sim, uma simplificação conceitual para o que possamos apreender um todo, que se ficasse como todo seria inacessível e impossibilitaria que as vidas inferiores (as nossas) pudessem ser seduzidas pelo processo de se mover.

O espírito de Gramsci já estava deixando o corpo e começava a contemplar a massa disforme que jazia em um leito, naquele processo de perda de consciência que já vimos como se dá, até que, de modo inesperado, outro invólucro passou a ser construído: a entidade criada no céu, mas radicada na terra; a marca de Zeus em tudo o que existia, o Cosmos nomeado de Ego. Ego é a força do ser que se erige para conter a liberação total dos instintos. No menino quase morto, o Ego foi a tentativa de manter tudo o que estava em degeneração; as forças neuronais, o mundo que tudo absorve em sua totalidade, mas que é absorvido por cada ser vivente, é transformado por cada humano que pisou na terra e, na tentativa de simplificar o complexo, faz de si mesmo um ente complexo e que luta ora para dispersar suas energias, ora para ampliá-las — tendências aparentemente opostas, mas que indicam a lógica da busca de movimento pelo movimento.

O Ego de Gramsci era produto do ideal de Ego ou do Id (?) em que William projetava suas narrativas e o desejo do espírito narrador de continuar engendrando uma vida, com a vontade de viver do bebê em suas relações com o mundo externo, faziam desse uma fonte inesgotável da necessidade de se recuperar do acidente e continuar desenvolvendo sua história, fazendo aquilo para o qual somos feitos e levando ao máximo a nossa capacidade de transformação e transmissão do aprendido. No Cosmos que é Uno e que não pode estudar a si mesmo e suas relações, o processo de divisão é um processo de autoconhecimento, esfacelado, mas que permitia vislumbres de uma realidade. Ah! Lá vamos nós com as explicações do inexplicável e se contradizendo em cada instante que tentamos responder o sentido da vida e quem somos: é que o mundo é outro a cada nova ação, a cada batida da asa de uma borboleta; não são explicações contraditórias, são mundos que não mais são e que, ao serem traduzidos, modificam-se completamente para que sejamos incentivados a nos mover. E William? Qual William? No período de baixa vitalidade de Gramsci, quando o Ego, o Id (aquela parte imensa, inexplicável e produto das conjecturas explicativas, das rachaduras que permitem ao homem ver o céu) estavam unidos de modo indivisível, William residual (a maior parte) foi alçada ao plano dos espíritos, pensando quem sabe que era necessário começar a narrar de novo, mas não. Por um acaso do destino, por contingências que não são as nossas, William é levado até a fonte da produção espiritual. Seu desequilíbrio foi tão desequilibrante que desequilibrou o pequeno Gramsci dos ombros da babá. William fora castigado. Ele estava sendo castigado. Ele seria castigado com o maior castigo de todos: a ignorância? O desconhecimento? Não, justamente o contrário: ele iria conhecer e já começava a ouvir um tilintar de martelo ou marreta em um aço, daqueles típicos barulhos de forja e o calor era de forja, a cor percebida era de metal derretido e tudo continuou... E o espírito de William novamente estava explorando uma dimensão do não lugar.

E a pergunta mais uma vez tinha de ser feita? O que sobra do homem quando ele morre? A alma? O espírito? Até mesmos esses elementos se desfaziam em meio aos contatos e, apesar da não ligação direta entre espírito e matéria, havia um contato entre ambos, uma espécie de acerto e de relação em que o mundo material afetava o céu e o céu afetava o mundo material. A objetivação de tudo o que há no humano criou a possibilidade de divindades agirem em um mundo sobrenatural. Acontece que, do desequilíbrio equilibrante do Uno, do encontro de matérias transloucadas com pensamentos de transcendência, um novo universo foi engendrado; a matéria percebeu intencionalidade e, sendo ilimitada em sua capacidade de transformação, foi guiada por processos ideais (processos que não existem na materialidade, mas que são sonhados por quem não suporta a realidade). O ideal utópico da criação passa a ser a fonte mais poderosa de energia: o Eros, esse desejo de ser além do que é, de possuir o que não possuímos e de ir ao lugar em que não estamos, sempre com a sensação de direção, de alvo fixo e, devido à durabilidade reduzida de cada engendramento de matéria (cada vida), o

DESEQUILÍBRIO

regresso nunca é feito pelo mesmo vivente e, sim, por aquilo que sobra do espírito que um dia esteve nele, dos espíritos, dos pedaços de espíritos e das forças que atuam de modo indiscreto. Quem não ouviu falar da Fortuna, essa senhora que age escondida no acaso, que não respeita regras, beneficiando ou prejudicando aleatoriamente!

O Eros é a energia que surgiu da vida insuportável e tem a potência de fazer com que o humano deixe de ser, com que se dissipe no todo. Quem age pelo Eros esquece totalmente aquilo que é, o lugar em que está e procura se tornar, fazer-se enquanto é possibilidade (enquanto está vivo). O reino ideal é a capacidade de superar as relações orgânicas de um dado espaço e criar uma estrutura totalmente nova e assim tudo se fez. William tentou entender o princípio de tudo e ver se dali surgiam respostas para como seria o fim. E não sabia se entendia na experiência do não ser ou se lembrava de alguma visão de como o mundo se fez, de uma mitologia que lera. E seu ser foi invadido por explicações, vislumbres dizendo: E no princípio não havia princípio, porque não havia medida de tempo e tudo era. E no princípio não havia trevas! Só havia! Porque as trevas só existiam depois de haver luz, a categoria da contrariedade. E a terra não era disforme, porque a disformidade implicaria uma contingência e a contingência nada mais é do que dar forma... E a ladainha continuava... Continuava... E ele só queria que tudo fosse resumido e adaptado para as necessidades que eram as dele; não queria uma reminiscência que trouxesse de volta tudo o que se foi... Não era mais por questão de tempo e, sim, pelo excesso infernal de informações que o levaria ao excesso de reflexões, por sua vez, excesso de projeções, excesso de conjecturas de erros, excesso da percepção dos defeitos... Viraria um ermitão que estaria tabulando possibilidades e antes de terminar a tabulação, já teria resolvido mudar o método em face de algo novo. E a regressão da criação continuou...

E Kháos se apresentou — esse não ser desordenado e junto vem Gaia — à Terra, a possibilidade de existir um lugar e, colado com Gaia, vem Urano: o Céu; o deus que cobria Gaia como se fosse um manto justo e fornicava sobre ela de modo ininterrupto e ela gerava, e ela paria os filhos para dentro e a Terra estava ficando cheia e com dores, com fissuras. Todos os seres que pisariam por sobre a Terra sentiriam a sua aflição: as dores do parto, a sensação de preenchimento e a presença insuportável de outro alguém que age em discordância de nossa vontade e que tem como impulso vital, diminuir a nossa possibilidade de vida. E vem Tártaro, Érebos e tudo aos poucos vai sendo preenchido. Cronos, filho de Urano e Gaia, em um ato combinado com a mãe, decepa o membro viril do pai inconveniente e Urano, sentindo uma dor terrível, afasta-se da terra e vai para o Céu — o lugar onde ele permanece até hoje.

William — Urano? Gaia? E eu? Então, morri em Gaia, vivendo lá pela lembrança de outros? Eu narrador sou de Urano ou de Gaia? Antoine pertence a qual? Porque se eu e ele (ou outro que vier — ainda não sei bem o que vai acontecer) estivermos em lados opostos, talvez, nunca iremos nos entender completamente. Seria isso a causa dos desencontros entre espírito e vivente carnal, um mero resquício do desacordo entre deuses primordiais, em que a carne (Gaia) faz de tudo para evitar o excesso do impulso sem limites (Urano)? Mais informações! Quero mais do meu inferno! Assim, convencido de toda a origem humana e de tudo o que é humano, cego que quer ver e que sabe que a noite não tem fim, estou sempre caminhando. O conhecimento continua a chegar! Grãos de conhecimentos, luzes de dados! Inferno de Sísifo é a vida: abrir um novo livro, aprender coisas novas e retornar para a ignorância, porque a ignorância é uma modalidade de sabedoria. Maldito sistema de equilibração que causa desequilíbrio É preciso imaginar William feliz? Feliz não sei se estou, mas ganhei uma rota como as matrioskas, que sempre tem uma dentro da outra, mas no meu caso, nunca se chega a menor e última das sabedorias. A própria luta em direção aos cimos é suficiente para preencher o coração humano, se os cimos existirem. Continuem...

A visão que temos de Urano (ao olharmos para os astros celestes) é a visão de um deus decaído, pois o céu é rebaixamento! É perda de potência! É vida na expectativa! Ficou de Urano a sua casca, enquanto seu ser foi dispersado em uma forma ciclônica e que, movido pelo mesmo impulso sexual que antes tinha por Gaia, mas sem o órgão que permitia o coito, ainda queria derramar sobre ela pequenas gotas daquilo que fora sua capacidade de gerar filhos. A Terra, esgotada como Ser, passa a ser um lugar, um ente que sofre pequenas alterações (passivas ou ativas), mas que deixou de ter personalidade desde muito. Cada entidade divina é dispersa em nomes e características que influem em nossos sentimentos, nossas inclinações. Desde as Mousas (musas) até dádiva, bonança, temperança e a linhagem é incontável e está ao redor da Terra, sob ou sobre ela de algum modo, surgem de modo abrupto, sem avisar e se afastam do mesmo modo, porque são anteriores a Cronos e anterior às categorias de permanência e de racionalidade elaborada por Zeus.

E a informação de todos esses fatos é guardada em cada espírito que nada mais é do que o resquício desse ser totalitário e poderoso Deus que um dia foi Urano. A Gaia, a bela Gaia devastada, fendida, furada, estava cheia das

DESEQUILÍBRIO

sementes de Urano — os dois genitores de toda a raça humana e demais entes e que ainda influíam poderosamente nesses seres patéticos que pensavam ser os senhores do mundo. Cada homem era o produto de dois impulsos contraditórios: da parte de Gaia o desejo por quietude e permanência, mas tudo o que era da Terra estava fadado à transitoriedade e a deixar de ser; da parte de Urano a vontade de coito, de ação, de experimentar os prazeres e depois desaparecer, mas no céu não havia sensação, no céu a sensação é sentida como se fosse algo em abstrato. Há um véu que separa o ente celeste do pleno gozo do que há na terra e a vontade de se desfazer por saber ser insaciável (o desejo na imortalidade — sendo o desejo como rejeição ao que é e vontade de ser o que não é — é a condenação a uma paixão triste, já que a característica do eterno, do imortal, é permanência e permanência significa não alcançar o que se deseja).

Pobre Cronos que pensou ter livrado a mãe desse terrível pai, mas o membro viril amputado se espraiou por sobre o vácuo deixado; Cronos usou seu último esforço para limitar a vida das pragas engendradas e, seja comendo pedras ou os próprios filhos, Cronos garantia que sua mãe de quando em quando pudesse repousar das investidas de Urano. Nasciam como se fossem seres e morriam como se nunca tivessem existido. Para além da marca de Cronos em todos aqueles que nasceram após a amputação peniana, havia muitos que partiam para a não existência simplesmente por não tolerar a contradição existente no que chamamos de vida mortal: existir, mas não ser! Nascer com o destino traçado (a morte) e sem nenhuma possibilidade de superar realmente essa limitação, fazendo com que um mundo irreal fosse criado, onde tudo é eterno, onde não há tristeza e existe uma felicidade que contempla cada instante de felicidade plena de cada indivíduo que já nasceu. A prole que Gaia gerava, ainda com resíduo de Urano, prole que deveria se afastar do pai, mas que diante do sofrimento de viver em uma terra fendida e desesperançosa resolve buscar um além mundo: a atração por retornar ao estado originário e ser um com o céu e, Urano, aproveitando desse "flerte" que os filhos ainda manifestavam por ele, vê a possibilidade de anexar parte de seu ser em cada pessoa que vivia: a essas partes chamamos espíritos, seres aleatórios, eternos e que fazem de tudo para ser um só com os filhos de Gaia, conduzindo-os pelos caminhos que apraz ao pai.

No espírito de William que fora sugado pelo ciclone celeste, aquele mesmo que saíra de Gramsci após o acidente com a babá, todas essas informações foram percebidas, mas não racionalizadas, pois não é possível compreender tudo e a compreensão é uma ampliação do conhecimento das coisas, mas uma ampliação ainda maior do desconhecimento. Ele voltou até a fonte da vida e o início de tudo, início dado não como o início real de algo, mas, sim, uma delimitação arbitrária, porque era necessário começar de algum lugar. Começamos com o Kháos, Urano e Gaia e não perguntamos antes, porque tempo é Cronos e Cronos é depois de ambos. E a continuidade da vida? As contingências do início determinarão o fim? E William lembrava de toda a história do céu e da terra, ouvindo os mesmos barulhos de forja. Em Urano, o tempo não passava e o devaneio da criação do mundo que William viveu não pode ser mensurado, mas agora ele estava de volta, em um plano superior, em uma fábrica de seres humanos, com trabalho árduo, com uma rígida divisão do trabalho. Lá estavam Prometeu, Epimeteu e Hefesto — batiam seus martelos, faziam moldes de seres humanos, de espíritos e continuavam eternamente. Era Urano tentando se unir à Gaia e sentir um pouco da sensação de morrer quando cada pessoa morria! Era Urano contra Cronos, enquanto Zeus insistia em uma ordem cósmica, perfeita e determinada. Zeus é filho do tempo! Zeus é ideal, é projeção que não faz sentido, mas que serve de parâmetro para que os desiquilibrados possam buscar o equilíbrio em si mesmo; equilíbrio como algo tênue e que diante da menor brisa se desfaz e volta a se desequilibrar. Zeus é limite entre esperança e desespero! Zeus consome muitas dádivas e maldições e as distribui para que, em pequena ou grande medida, fosse possível combater o imponderável e esquecê-lo por alguns instantes enquanto vivemos.

CAPÍTULO V

ARTÍFICIES DE URANO RESIDUAL: DIGRESSÕES

William Borges estava ainda raciocinando e essa força poderosa chamada razão não podia ser desfeita de modo imediato. Era o véu que impedia que o humano contemplasse a plenitude do que é existir e a tudo ordenava com base em relações criadas na mente de quem raciocina. O universo e a dimensão total do Uno não são obrigados a uma articulação de causa e efeito e tentar prever o desenrolar dos acontecimentos, é como apostar em qualquer jogo de azar, confiando na sorte do apostador.

A ideia do ser que raciocina é superar os instintos e imaginar como suas ações impactam naquilo que acontecerá, como se cada ato minúsculo feito na terra fosse suficientemente forte para reconfigurar a nossa existência. A pretensão humana chega a tal ponto de arrogância, que pensam poder vincular as forças de Urano (e seus artífices) ao modo que vivemos. Na associação conjunta do que é viver e de forças que se eliminam e que possuem soma zero, a mínima ação engendra mudanças imprevisíveis e imensuráveis e, ao mesmo tempo, aquilo que fazemos é um apêndice do ato de estar no mundo, com influências que são percebidas, intuídas, mas que na totalidade sempre fogem à nossa compreensão, porque apesar de sermos matéria, não a somos a plenitude da matéria, sendo seres inferiores a matéria-prima da qual somos feitos — como se a mesa de madeira, feita por um carpinteiro hábil fosse superior ao material usado. Sabemos que, apesar da utilidade da mesa, a madeira em forma de mesa é apenas uma redução de todo o potencial que ela poderia ter, mas nem vemos mais a madeira; só vemos a mesa, só vemos a cadeira, a transformação final que os sentidos oferecem, enquanto os processos anteriores e futuros seguirão desconhecidos — como se não existissem.

William começou a narrar imaginando o que fizera de errado para ter de voltar a um estado anterior e conduzir uma nova existência em direção a um caminho mais perfeito e nessa imaginação, ignorou que atos involuntários e instintivos, decidiram muito mais do que as ações dele. É um pensamento radicado na noção de um humano pecaminoso e que tinha como alvo atingir a perfeição que se encontrava nos atributos da alma, na ausência da matéria. Se a matéria é movimento e transformação e a ideia de ser pressupõe (como já visto) a permanência, é fundamental imaginar que a direção lógica da vida seria o desprendimento do que é fugaz e o retorno ao estado de equilíbrio, no qual tudo estaria ordenado. A missão de William, ainda incerta e em desequilíbrio, ganhara, de impulso, a perspectiva da função de conduzir Gramsci em direção ao ajuste cósmico, entendendo que conduziria a si mesmo e que o substituto era um mero receptáculo, cujas experiências das vidas passadas podiam ser aproveitadas em direção à perfeição mútua (no homem como ser dual: o corpo que age de modo perfeito e se ajusta com a matéria e, como consequência, permite ao espírito-narrador o acesso aos universos desconhecidos da transcendência).

E William Borges residual que subira em direção ao ciclone que sabemos ser parte do que é Urano fora inundado com esses devaneios e buracos de pensamentos e conclusões que, apesar de ter aparência de todo, não podiam ser sintetizados em palavras. Pensando! Em espírito e pensando! Ouvindo um barulho de martelo insuportável! O que era aquilo? Por que tanto barulho? E eis que William chegara todo rachado até o ciclone, ainda destruído pelos efeitos do acidente doméstico de Gramsci. A queda do bebê fez com que o espírito-narrador se espraiasse! Acontece que quando o espírito é incorporado em um novo substituto, ele começa sendo contido em um invólucro, evolui até sofrer as sensações — não fisicamente e nem com a mesma intensidade, mas uma parte podia dizer que era quase física, pois aos poucos a visão se abria com os borrões indiscerníveis, com a ausência de formas até a possibilidade de ver claramente como se fosse uma luz de lanterna no oceano e sucessivos controles, perceber a sensação do tato e demais sentidos sem sentir diretamente e continuando a progredir junto com o bebê. Uma fusão de corpo material com espírito se faz paulatinamente até que ao final de tudo, essa configuração pode ser nomeada como sendo alguém que viveu e que irá se separar após a morte (conforme aquelas primeiras lembranças no quarto do suposto hospital).

Quando da união de corpo e espírito, quando de cada contradição, de cada ato, há uma produção espiritual por cissiparidade — aquelas partes

DESEQUILÍBRIO

de William (e de outros, mas ainda estamos falando dele por ora) unem-se a tudo o que tocam e produz alterações. A nossa vida é vivida em uma coletividade de ser e de espaço, modificando para além do que pensamos e do que fazemos, pois o simples ato de estar, é deixar partes nossas nos outros, trocar as partes e reconfigurar, e reconfigurar.

Das fissuras do espírito rachado de William, o martelo era percebido e o deus Prometeu era quem martelava. Batia e batia com toda a força em tudo o que estava se desfazendo. Fagulhas saíam do espírito de William, partes e mais partes eram juntadas (como o forjador faz com as partes do aço ao forjar espadas e precisa, lixar, tirar as escórias e deixar o material purificado, dando o formato desejado) e perdiam um pouco de suas propriedades e não havia um lugar-depósito para que essas sobras espirituais fossem eliminadas — elas eram jogadas no mundo. No reino de Urano, o ciclone que arremessa suas partes por sobre Gaia, tudo é processado e volta para a Terra — assim ocorreu com William Shakespeare, que mesmo após ter sua configuração carnal destruída, permanecia de quando em quando dissolvido por sobre o planeta, entrando do nada na vida dos viventes e produzindo pensamentos, visões de mundo de acordo com o resquício do que ele foi.

Epimeteu, que havia distribuído todos os seus dons aos animais e deixado os humanos desamparados, pois estes últimos nasciam fracos, incapazes, sem pelos ou uma pele que lhes protegessem do frio. Sem a resistência física necessária, sem membros inferiores e superiores aptos a promover o movimento de si em um curto prazo. Sem garras ou dentes que lhes permitissem apanhar as presas e, principalmente, sem a programação instintiva que fornece um percurso definido ao vivente. Pois cada humano é um ser que pensa, que percebe além dos sentidos imediatos, que é confundido pelos sentidos, que mistura realidade e fantasia, mas que, ao fim e ao cabo, é incapaz de percorrer um único caminho e erra, e acerta, e erra, morre e continua morrendo. Epimeteu deveria, então, distribuir a racionalidade aos homens, permitir que os espíritos fossem cada vez mais desenvolvidos, de modo que as desvantagens físicas pudessem ser superadas.

Desde os primórdios do surgimento da humanidade, Epimeteu e Prometeu foram envolvidos na eterna função de capacitar o ser humano e permitir ao grande Urano a possibilidade de enviar partes de si em Gaia, de fazer com que sua prole fendesse uma vez mais a Terra. Os animais até tinham partes espirituais, mas essas eram logo perdidas e não estavam sob a influência de Urano — Urano só influencia o humano, porque este não tem uma configuração dada. No animal, as regras já são escritas e por mais que o deus céu tente entendê-las, eles pertencem a Gaia — de Gaia são os animais, parte sua, seres que existem em equilíbrio com a mãe; duais em sua essência, mas possuem em si o céu adormecido, enquanto os humanos são de Urano. Os humanos olham para o céu o tempo todo! Os humanos copulam com a Terra e a Terra (ajudada por Cronos que acaba com a vida) tenta expulsá-los continuamente.

No início, Epimeteu e Prometeu falharam miseravelmente. O homem aprendeu com esses deuses a fazer fogo por atrito, aprendeu a caçar e morria muitas vezes no conflito com os filhos de Gaia (os animais). Após longo tempo, aprendeu a plantar a colher e foi se desenvolvendo, embora ainda fosse frágil e de mente débil. No processo de coito interrompido (cada pessoa que morre logo representa uma ejaculação precoce de Urano, sem dar tempo de ele desfrutar o pleno prazer), Urano tem a ideia de dividir as suas partes entre os seres viventes: a isso chamamos alma, chamamos espírito. O ser humano, então, é produzido da parte mortal em Gaia e da parte eterna de Urano (ainda dos resquícios do pênis amputado por Cronos). Quando morre em Gaia, a Terra reabsorve o que ele foi e luta para que a parte da matéria que era o homem seja usada em um ser diverso (que faz parte do reino terrestre); a Terra e Cronos tem como força ativa a destruição da humanidade ou sua conversão em seres terrestres como os demais, que vivem em equilíbrio. Os espíritos desgarrados, expulsos pela degeneração da matéria ou por Cronos — às vezes, as duas coisas ao mesmo tempo —, são jogados no ciclone que é Urano e, dependendo do que foram enquanto viveram, serão novamente incorporados a uma nova existência.

Espíritos comuns, daquelas pessoas que viveram para a vida imediata, lutando contra a fome, vivendo sem pretender a transcendência. Assim que perdem a carnalidade, transformam-se em uma massa indivisível de espíritos: nazistas, fascistas, socialistas, católicos, protestantes, machistas, feministas, vegetarianos, monarquistas, republicanos e todas as categorias de humanos são fundidas e se tocam mutuamente. De Gaia, é possível ver em Urano morto (a parte chamada céu e não o ciclone) relâmpagos, trovões, chuvas — são todos os efeitos da tentativa que os espíritos absorvidos engendram para não serem unificados e para manter a personalidade. Após uma grande guerra, é comum ver esses trovões. De início, os adversários que morreram em combate e defendendo bandeiras opostas tendem a se baterem e isso produz os raios e todo o espetáculo de luzes no céu. Alguns criam espadas

DESEQUILÍBRIO

de puro espírito. As chuvas são as lágrimas dos espíritos unificados: estuprador e vítima, às vezes, encontram-se no mesmo espaço; o assassino e o assassinado e a massa que parece resistir a essa força irresistível de unificar produzem mais e mais atrito.

Ali, na massa espiritual a personalidade acaba e não há nenhuma recompensa pela ação feita na terra. Os fiéis que brigaram contra outros crentes de denominações diferentes são fundidos (não antes da tortura de perceber que o inimigo e ele agora são um e serão um novamente) e, após, Prometeu com seu fogo purifica tudo e elimina a personalidade, restando somente uma experiência acumulada, não traduzida e que é esquecida, mas ainda assim existe. Epimeteu recolhe uma parcela de espírito (a função dele é retirar uma quantidade específica e evitar que a massa espiritual aumente a tal ponto de preencher todo o ciclone) e envia até Prometeu. Prometeu martela e molda o espírito, promovendo a contingência e organizando para que essa alma seja cada vez mais apta a resistir aos ataques do tempo e usar a inteligência para sobreviver e permitir que Urano esteja sobre Gaia por um período maior.

Hefesto recebe o molde da alma feito por Prometeu (o que indica o nascimento de outro humano ou a recuperação de uma pessoa que estava em coma) e, com seu raio, arremessa sobre Gaia e um novo ser surge: a alma feita do sêmen de Urano é fincada em Gaia e no impacto causado pelo arremesso do deus Hefesto, a parte espiritual perde um pouco de suas lembranças. A tarefa de Prometeu e Epimeteu é um castigo da continuidade: quando pensam que estão acabando com a massa de espírito e fazendo almas novas, são surpreendidos por mais pessoas que morrem e mais espíritos desgarrados que obrigam os deuses a trabalhar em um ritmo alucinante. A pessoa que nasce é feita às pressas e, por vezes, até mesmo os espíritos relevantes (que deveriam passar incólume pelo processo de reencarnação nas redes neuronais dos substitutos) são martelados e perdem partes e tem suas partes unidas com seres inferiores ou, ainda, pessoas são mal construídas e irão pensar mal e terão membros atrofiados — pouco importa, pois é preciso diminuir a massa.

William foi consertado pelo martelo de Prometeu. Teve suas fissuras soldadas e sofreu com o processo de fragmentação. Epimeteu, com seu jeito estúpido e atrapalhado, misturou a massa do que era William com mais uma série de outros espíritos. Borges foi separado e voltou a um corpo terrestre. William foi enviado para Gramsci, que já começava seu lento processo de recuperação e teria que superar os efeitos do acidente. Agamenon também volta para a Terra em forma de espírito — esse ser tão poderoso e que impactou a vida de tantos gregos —, acontece que, no ímpeto de vencer o trabalho acumulado, Prometeu e Epimeteu enviaram espíritos perturbadores para Gaia e isso fazia com que a história viesse a se repetir. Trocam-se os corpos, mas os espíritos são os mesmos.

Os filhos de Urano povoariam a Terra novamente. A Terra sente dores como de parto a cada vez que Hefesto envia uma parte de Urano por sobre ela. O fogo de Prometeu e o arremesso de Hefesto perturbam os espíritos para que não se vejam como sendo pênis de Urano e, sim, como seres conscientes e com uma função importante a ser desempenhada. Tudo acontece em Urano instantaneamente, mas narrar os acontecimentos é escolher e ordenar os eventos (como se fossem sequenciais). Nesse ciclo sem fim, o humano existe e vive entre a vontade de aproveitar os prazeres da terra ou retornar ao céu. A vontade é destruir tudo, fazer com que ambos os locais sejam eliminados para todo o sempre. O humano é o palco de forças e de divindades não nomeadas, não conhecidas, mas que se levantam para promover a rebelião e alternar a relação de poder existente. Os espíritos oscilam entre ter ou não personalidade, entre ganhos e perdas e esse movimento não é regido pela causalidade: é apenas o efeito do reino do tempo, ou seja, o poder de transformar tudo, de fazer e refazer, no qual cada processo parece um avanço e um recuo ao mesmo tempo. Urano, com a virilidade decepada, agora vê Gaia de parte a parte — explora cada fenda, cada grotão e faz com que seus filhos destruam tudo.

Um dia, quem sabe, para alegria do eterno desaparecer, nem Prometeu, nem Hefesto, Epimeteu ou qualquer outro terão influência em Gaia — quando a presença for radicada no lugar e o Eros for contido dentro dos seres viventes, sem a ideia de transcendência. A luta do homem que vive, que se diz sociável, é conter os espíritos-narradores, conter o que chamamos de personalidade e inspirar a vida na imanência. A Terra fendida e com dores de parto deu a Cronos a missão de prolongar uma existência especial, uma existência que pudesse fugir da influência de Urano e determinar meios de acabar com a reciclagem dos espíritos. Shakespeare lembrado na Terra tinha mais poder do que o espírito-narrador que queria ser de novo um ente encarnado. Sigmund Freud, um produto de Gaia e conhecedor dos filhos de Urano, seria o ente terrestre incumbido da missão de afastar o céu opressivo, que chega na terra com a aparência de beleza, mas que no fundo

DESEQUILÍBRIO

tudo destrói. No mundo das impossibilidades e contingências, o impossível para um, o sofrimento de outro e a paixão pela sabedoria de um terceiro são elementos que proporcionam algo que podemos chamar de a vida. Vida representada pela luta: espírito-narradores *versus* realidade em Gaia — vida em sociedade e Sigmund Freud, que das rachaduras da mãe terra irá tentar equilibrar os atos desequilibrantes de um céu inexorável.

CAPÍTULO VI

METAMORFOSES:
UM NOVO K DE KAFKA

Talvez, dentre as coisas mais curiosas desta nossa existência, é o fato de que temos poucas informações acerca do tempo e do espaço. Por vezes, ignoramos até esse pouco que poderia nos permitir uma reflexão mais acurada e evitar inúmeras situações de idiotia. Lembrem-se, o mundo é imenso e há uma rede complexa de conexões que nos escapa, pois só trazemos à nossa mente aquilo que emerge em dado momento, ficando todo o resto na escuridão, esperando que um feixe de luz traga à tona "os escorpiões" que deveriam ficar escondidos. Quando pensamos em outra pessoa ou em um lugar diferente, reduzimos a ação e a transformação dali advindas pelo movimento contínuo, esquecemos que a pessoa pensada está ativa boa parte do dia e vivendo e nós ignoramos tudo isso, porque só existe aquilo, que de alguma forma nos afeta. Caminhamos com essa percepção mutilada até que encontros e desencontros nos possibilitem tirar conclusões com base na experiência da sabedoria prática: "O mundo está enlouquecido", "Que absurdo tal coisa!", "Estamos vivendo tempos difíceis!", "Como não percebem que vocês estão...", "Isso não ocorreria se você fizesse..." e o nosso caminho passa a ser o melhor de todos para nós; talvez, não o melhor, de fato, mas na nossa imaginação, sim. Sempre sonhamos com a possibilidade de poder realizar algo, de se colocar no lugar de alguém e usar aquilo para promover um pouco o mundo na direção da perfeição.

Quando William regressou para a rede neuronal de Gramsci, um bom tempo já havia passado e o bebê já era um rapaz. Pobre rapaz! Pobre rapaz! A vida estava passando rapidamente e sem dar tempo de se desenvolver em tudo o quanto era necessário. William sentiu que foi expelido de Antoine no momento em que o bebê sofreu o acidente doméstico e, por isso, o espírito--narrador foi arrebatado por uma imagem cósmica da fundação do mundo, da relação de Gaia e Urano e do conserto efetuado pelos deuses artífices. A ideia de William não era de todo errada, mas ele ignorava que o mundo nunca é apenas a dimensão do que percebemos, no caso dele, dimensão de espírito-narrador, da relação primordial dos deuses, do invólucro (Gramsci) e somente isso. Havia mais, porém! Havia um mundo lá fora e que sofria pela ação dos humanos viventes, um mundo que sofre o efeito do tempo, que surgiu depois de Cronos e que fornece, também, ao ser que vive conscientemente, um ideal de mundo. A sociedade influi poderosamente na formação de um indivíduo, ela inculca sonhos, suprime ações e preenche os espaços que o instinto deixa livre. Existem forças coletivas que se impõem aos nossos desejos e que se tornam parte de nós. Viver é responder às excitações externas de maneira apropriada e essa correspondência harmoniosa só pode estabelecer-se com a ajuda do tempo e do hábito.

Gramsci, após o acidente, ficaria mais recluso em relação ao mundo. Uma reclusão necessária, imposta por sua condição física e pela necessidade de se recuperar rapidamente. A infância, apesar de viver em uma casa com outros seis irmãos, parecia ser relegada para o afastamento da realidade. Seu quarto oferecia um consolo: era o único que não precisava ser dividido com alguém, também pudera, era quarto, banheiro, era tudo; era o mundo dele. As palavras, muito antes de ele saber ler, chamavam sua atenção. Gostava de olhar os desenhos que as letras formavam, as combinações e rapidamente aprendera a ler e escrever. Das lembranças infantis, o que permaneceu foram os momentos passados com o seu cachorro K, o mesmo que lambera seu sangue (segundo os relatos que ouviu) e que fora adotado pela família. Antoine precisava se mover, lutar contra a dor na coluna, contra as crises de tosses e fazer exercícios para que seu intestino viesse a funcionar melhor, evitando as febres contínuas que ele sofria, devido à constipação, e nem sempre tinha essa vontade de sair do quarto e respirar um pouco, mesmo quando nem sabia o que era ter vontade. K era o brinquedo vivo que ele seguia com seu andador de rodinhas, rastejando, rolando em busca do esperto cão marrom, com pelos que pareciam estar sempre encardidos e dois olhos bem redondos e pretos que para Gramsci continham em si os segredos do universo.

K caminhava e esperava o pequeno Antoine se mover lentamente em sua direção. Parecia que o cão o compreendia perfeitamente. O animal era muito esperto, mas precisava de estímulo — coisa que Antoine não

DESEQUILÍBRIO

podia oferecer, já que o menino se cansava rapidamente. K explorava toda a vizinhança e sempre voltava com alguma coisa na boca para seu contente dono. Uma vez trouxe um rato morto, encontrado em um esgoto próximo e resolveu que precisava dividir aquela comida que já cheirava mal. Mal adentrara no portão e fora recebido com chutes por Francesco (o pai de seu dono), o cachorro fugira machucado, sem entender o porquê seu presente fora ignorado. K – "Que esquisitas essas criaturas que não são cachorros, posso estudá-las um tempão e nunca vou entendê-las! Se bem que nós cães também temos nossas manias; quantos de nós não respondem ao latido do vizinho ou agridem sem motivo algum. Um dia ainda serei um cão voador, daqueles que passam por cima de tudo e que nunca tocam no chão! Oh, mundo maluco! Ontem dei um presente ao meu dono e ganhei comida, sempre tinha sido assim e hoje ganhei um chute bem na costela!". K se referia aos objetos que trazia de suas aventuras. Trouxe uma carteira de couro que encontrara. Uma vez achara um lápis (que Gramsci gostara tanto e usava todos os dias), já trouxe, em outras ocasiões, pedaços de jornais e um livro velho, com páginas faltando (era *A Tempestade*, de William Shakespeare), o livro que Gramsci começara a ler e a anotar o que significava. Oh, *Admirável Mundo Novo* esse das leituras, cujos universos fantásticos são revelados para quem só tem a imaginação para viajar!

Gramsci se levantava mais tarde, devido à exaustão de seu corpo ainda em recuperação — em recuperação, porque nunca iria se recuperar totalmente, parecia um quebra-cabeça impossível de ser montado, em que cada peça desajustava a outra. K saía explorar assim que Francesco abria o portão para ir trabalhar e se arriscava pelas ruas da cidade. Gramsci gastou muito de sua vitalidade para impedir o cãozinho de fugir de casa, pois o animal sempre voltava imundo, ferido e faminto e os presentes não compensavam o sofrimento do único amigo — o de quatro patas. O quintal da casa Gramsci, com um cercado de balaústre, permitia que K escapasse e, por isso, o menino — para ira de sua mãe Giuseppina — enchia de obstáculos nos vãos das colunas, deixando tudo esteticamente horrível. Gramsci desde pequeno pensava em fazer uma casinha para prender o cão nos momentos em que ele estivesse impossibilitado de brincar, imaginava-se no lugar do animal procurando meios de sair, refletindo se ele caberia naquela ou na outra fresta que ficara. Construía histórias na sua cabeça das aventuras do cão, imaginava o perigo das ruas e chegava a sonhar que um cachorro gigante estava com K preso na boca, enquanto o animalzinho indefeso latia. Outra ocasião, sonhou que K mordera uma granada e que antes de chegar em casa

ÉLDER DA SILVA RAIMUNDO

a granada havia explodido. Francesco não parecia ligar muito com a aflição do filho em relação a K e, por isso, sempre deixava o animal se evadir pelo portão. Quando se tem sete crianças, elas parecem perder a personalidade e, talvez (pensava Gramsci, em retraimento e sensação de ser um peso para os demais), "Meu pai deve preferir lembrar do Antoine Gramsci simbólico, do nome que ele me deu e de como eu era filho dele! Minha família deve pensar assim, igual aquele livro — *Metamorfose* — que li, em que Gregor Samsa, caixeiro viajante, certa manhã, acorda metamorfoseado em um animal de pernas finas — com várias pernas —, lembro-me que até a mãe tinha nojo dele, do quarto que ele ficava e de tudo o resto". A irmã Grete chega a dizer, quando se reúne com os pais, "Não teríamos meu irmão, mas podiam continuar a viver e respeitar sua memória..., sugerindo a morte daquela criatura". Também tenho pernas finas, também desperto o mesmo asco que Samsa da Metamorfose!. Gramsci, com tais pensamentos, menino demais para entender a *Metamorfose*, levantou-se e pegou texto de Kafka e escondeu-o bem para que mais ninguém lesse. Gramsci — "Vai que eles resolvem copiar a ideia e decidem me matar!".

Gramsci, uma certa manhã, acordou de sonhos intranquilos e inquietantes e sem forças para se levantar da cama. Sentiu-se sozinho e não ouviu o mínimo resquício de qualquer sinal de vida, de que havia mais alguém em sua barulhenta casa. Lembrou do sonho que teve, de como tivera a sensação de estar pregado no leito para todo o sempre, apodrecendo na cama e sendo consumido pouco a pouco. Ele não sabia se estava acordado ainda, porque a sua situação parecia estar ligada com o universo onírico, sentiu facadas fortes em sua coluna e viu claramente quando a lâmina era remexida. Viu a imagem do pai e da mãe, cada qual em seu turno, torturando-o — a partir daquele sonho que parecia real, nunca mais sentiria qualquer dor sem se lembrar dos pais, principalmente de Francesco.

O sonho continuou no limiar do despertar e o corpo frágil pareceu sucumbir no leito diante de uma gravidade mil vezes maior do que a que temos. Ele tentou gritar e pedir ajuda, mas assim que abriu a boca um abutre entrou por sua garganta e foi bicando e bicando até não sobrar nada internamente. Para o terror de Antoine, a única parte em que ele prezava — a interna — fora completamente destruída por essa ave tão pungente e sedenta de sangue. Parecia, no sonho, que os medos, previsões e pesadelos haviam escapado pelas fendas de um corpo em declínio e que, mais do que se desenvolver, caminhava para a enfermidade. Ele acordou, de fato, com

DESEQUILÍBRIO

um latido de K, que curiosamente não havia saído passear essa manhã. Gramsci pensara que, dessa vez, finalmente o pai havia cuidado do portão e impedido o cãozinho de fazer seu passeio matinal, mas não: Francesco estava em casa! Depois de anos, pela primeira vez, o pai estava em casa em um dia de semana e a calmaria de quem pensava que estava sozinho foi rompida por movimentos rápidos de pessoas correndo, arrumando malas e se preparando para viajar. Entraram em seu quarto a todo ímpeto, pegaram as roupas essenciais e não deixaram levar nada, tanto que com muito custo conseguira carregar os volumes de *A Metamorfose* e a *Tempestade*, além do lápis que o cão achara e mais um caderno em branco, de molas, costurado e de capa mole.

A família já estava pronta para sair quando um barulho de sirene e movimento de tropas rompeu a vizinhança. Era a polícia nacional da Itália com um mandado de prisão para o pai Francesco, mandado cumprido com muita truculência. O policial comandante da ação: Benito Mussolini, com sua postura extremamente ereta e voz de comando, adentrou no portão da casa da família e deu uma coronhada na cabeça de Francesco, que caiu desacordado diante dos filhos e foi arrastado para dentro de um veículo em forma de baú. K — Fiel guardião da família Gramsci e já irritadiço por não ter saído naquela manhã — ataca Benito e faz menção de morder a bota do oficial, que estava impecavelmente engraxada. Benito, com um gesto natural, atira na cabeça do cão e faz com que ela exploda, sujando todo o ambiente. Francesco jazia desacordado no veículo e Giuseppina é obrigada a limpar o calçado de Benito enquanto os filhos retornavam para dentro da casa.

Gramsci já não era mais uma criança na época da morte de K e se fosse, com toda a certeza, teria deixado de ser. Parecia que o barulho do tiro ou o pai arrastado inconsciente para dentro do carro da polícia, tudo era mais um daqueles sonhos aterrorizantes. Ele não tirou os olhos de Benito e qualquer um naquele momento, diante do cão deformado no chão, só conseguia ver esse ser imponente, jovem e já tão convicto de si que era Benito. Ele brilhava diante de um mundo que se tornava opaco. Ele parecia querer toda a atenção e faria de tudo para obtê-la. Naquele instante não planejado, no encontro fortuito entre dois jovens — um debilitado e genial e outro fisicamente avantajado, mas de pouca abstração —, nasceria uma fissura que nunca seria cicatrizada: os homens não eram iguais! Os homens no mínimo sofriam de uma dualidade, de diferenças que nunca seriam resolvidas, mas que, pelo engendramento do destino, foram colocados no mesmo tempo e lugar.

Diante da dor da perda do amigo de quatro patas, Gramsci não manifestou nenhuma conduta externa perceptível. Ele estava mudando aos poucos e sabia que internamente, se o ser quisesse continuar sendo, era preciso ocupar o poder político e, quem sabe um dia, ter a oportunidade para tomar dos déspotas, dos jovens da ação, a primazia sobre a decisão do futuro da Itália.

Para Gramsci, em seus sonhos de grandeza e quando leu e sentiu as falas de Próspero em *A Tempestade*: "Como vos preveni, eram espíritos todos esses atores; dissiparam-se no ar, sim, no ar impalpável. Tal como o grosseiro substrato desta vista, as torres que se elevam para as nuvens, os palácios altivos, as igrejas majestosas, o próprio globo imenso, com tudo o que contém, hão de sumir-se, como se deu com essa visão tênue, sem deixarem vestígios. Somos feitos da matéria dos sonhos, nossa vida pequenina é cercada pelo sono...", ele ressignificou toda a fala de Shakespeare. Não, não somos feitos da matéria dos sonhos! Os sonhos são feitos da matéria que somos! São as dores da impotência de tentar se fazer a despeito do mundo externo. A dor física insuportável ele já havia suportado, a deformidade na coluna, a falta de vida para explorar o mundo real, a crise existencial e a vontade de morrer — sempre atenuada por uma sublimação, pelo desejo de ser um dos heróis do livro, de vencer como eles venceram e de perceber que sempre havia uma escapatória. Ele fizera como em Péricles de Shakespeare, navegando no mar revolto em sua casquinha de noz — seu quarto — e bastava desejar para ir em todos os lugares; os romances policiais, a História da Itália, o Resurgimento, a glória de Roma, a Grécia Antiga — a casquinha de noz permanecia inabalável, protegida por um pai que cuidava da parte prática, das necessidades dos filhos e os deixava sonhar.

Gramsci olhava o mundo pela janela dos livros e do seu quarto. Ele olhava as pessoas e via seres infinitos. Se perdia mergulhando a mente em um olhar, como fazia ao contemplar os misteriosos olhos de K. Alguns achavam que ele era louco, que via relações em tudo, mas era apenas um ser deslocado da percepção prática que misturava vida onírica, fantástica e real. Diriam que ele só tinha olhos para temas elevados e que o mundo do presente — sempre é assim, sempre pensarão que as pessoas do passado são as melhores — era por demais tacanho. O pai burocrata, a quem Gramsci pensou ser pragmático em excesso — daqueles homens que nascem para atender as necessidades mais imediatas e não produz nada útil, agora estava detido e eles nem sabiam em que cela, por qual crime, quando e se seria solto.

K ficara na memória, não daquelas lembranças que contamos lamentando a perda, mas, sim, pela influência que exerceu na vida dele. De Francesco Gramsci lembrava com um misto contraditório de sensações. O pai nunca o

DESEQUILÍBRIO

ouvia, e quem ouve um imprestável — devia pensar! Só falava da necessidade de o filho estudar algo decente, de procurar o emprego tal e contava sempre: "Na sua idade eu já trabalhava em tal e tal lugar e nem tínhamos essa frescura de pensar em política ou na existência, se viver vale a pena. A juventude de hoje realmente não presta para nada. Lamenta, lamenta, reclama e diz ser superior, mas não conseguem nem manter as próprias necessidades. Você acha que isso é sofrer? Sofrer era o que eu sofria. Em pleno inverno, eu tinha apenas uma blusa e, às vezes, ela molhava e não sobrava nada com que me aquecer. Eu dormia junto com seus tios e quase não tinha o que comer. A sua dor na coluna, quando servi na guerra tal, uma vez levei um tiro na perna e estava cercado de inimigos e por três dias sem poder parar de andar e sem lugar para dormir...".

Assim, os assuntos de Gramsci e Francesco não existiam. Eram dois estranhos e, sinceramente, não dava para saber como um pai podia gerar um filho tão diverso de si. Nem pareciam ser parentes, mas Gramsci não se preocupava com isso. Não até o pai ser preso e perceber que a sua casca de noz infernal estava desabando. As contas começaram a chegar e não era mais possível continuar vivendo na mesma casa. Ele sabia que os irmãos iriam conseguir cuidar das próprias necessidades: eles tinham uma boa condição física e a Itália caminhava em passos largos para uma militarização e expansão de territórios. Quanto ao caminho intelectual, da reflexão, esse caminho era quase vedado. As peças lidas, os contos, os romances, tudo era tido como nada diante de uma sociedade pragmática. O pai — tendo uma família por demais pusilânime — ficaria esquecido e teria de responder por supostos crimes que cometera; a cada passo, um Estado de exceção ia sendo formado com mais rigidez.

Gramsci, quando tudo parecia perdido, consegue ganhar uma bolsa para estudar literatura em Turim e vai tentar construir sua história e deixar um pouco de lado a reclusão que marcou o início de sua vida, bem quando William retorna ao papel de espírito-narrador. É interessante lembrar que os espíritos narradores vão e voltam, são iluminados por focos de consciência, são repelidos pela realidade. A consciência de Gramsci também é afetada e a disputa de muitos seres que convivem no mesmo "eu" como sendo nós é a realidade. A rachadura que jogara William para conhecer a história da origem dos homens, de Gaia e de Urano, não fora tanto a questão da queda do bebê Gramsci, mas, sobretudo, o contexto italiano que, ao invés de uma literatura radicada nos séculos XVI e XVII, necessitava de uma influência mais revolucionária, diante de um mundo sem solidariedade, que havia passado por guerras recentes. O espírito de Karl Marx ou as ideias dele — não é possível definir — foi a força que constitui o frágil corpo e grande espírito de Antoine — um ser radicado na necessidade de estudar e assim Marx-narrador o fez —, o alemão, que morrera estudando na Biblioteca do Museu Britânico — fez com que Antoine iniciasse a vida por meio de livros e reflexões, esperando que uma crise surgisse para que uma revolução fosse desencadeada. Marx nem teve tantas dificuldades com o adolescente e agora jovem como William teve com a criança. O contexto italiano era um contexto em que o marxismo estava vivo e a sublimação, a literatura, parecia muito mais distante. Haverá como a literatura abrir caminhos para uma revolução, mesmo sendo uma literatura conservadora? Gramsci formara seu ego com tudo o que seu tempo e sua condição assim permitiram e, depois de gastar parte da vida cuidando de si e longe dos outros, era preciso somar forças para tomar do poder político e militar vigente, os direitos de dizer o que é o Estado de fato. Como fazer — depois de buscar o equilíbrio em si — levar outros também a ter o mesmo, a se equilibrarem juntos?

Ah, as lembranças de Gramsci, as suas histórias! São contadas todas como se o tempo não existisse e como se não houvesse lacunas imensas, mas essas são preenchidas com sofrimentos particulares, demasiadamente particulares e que seriam impossíveis de descrever. Não era somente a questão da doença física, do Estado injusto, do sofrimento existencial, dos espíritos-narradores atormentando. Gramsci nunca levara, de fato, uma vida de senhor; quando na faculdade, sem dinheiro para comer, comia apenas uma vez por dia — conforme ele contava para o irmão Carlo —, mas, a partir do desespero de estar no mundo, da própria dor e da dor do outro, ele não mais carecia de uma finalidade para justificar o sentido de sua vida. Na vida, quando não temos o sentido positivo dado, escolhemos o contrário do sentido negativo, como se ele dissesse: "Não sei o porquê de estar no mundo e quem eu sou, mas sei, com toda a certeza, aquilo que jamais deveria ter existido aqui e que leva tantas pessoas, tantos espíritos bons — precocemente — para um mergulho no nada!". A adversidade forneceu o desequilíbrio, não mais com um desequilíbrio pessoal e, sim, humano.

CAPÍTULO VII

FREUD E AS FISSURAS DE PANDORA

Nós que viemos no vácuo deixado por Urano — após a ação de Cronos que o fez se afastar de Gaia —, por mais informações que tenhamos e sabendo que pouco a pouco estamos derrubando cada ilusão que nos entorpecia, promovendo o desencantamento do mundo: desencantamento no sentido de tentar explicar racionalmente, pelas ciências que temos, cada superstição e no sentido de "perder o encanto" perceber que muitas das expectativas como: "Eu estou fazendo tudo certo e por isso vou me dar bem!", "Sofri com tantas coisas no ano passado, mas neste ano é minha vitória..." são fundadas mais em esperanças infantis do que em uma vinculação com as leis cósmicas; apesar disso, ainda guardamos na mente essas ideias e esperamos que o mundo nos compense por um direito que achamos ter, por nos sentirmos demasiadamente importantes.

A razão é a nossa forma de ordenar tudo, mas a deixamos de lado nos momentos mais importantes de nossas vidas: na hora de desfrutar de um amor, entendendo amor como Eros — aquilo que faz falta ou, ainda, entendendo como alegria —, passagem para um estado mais potente do próprio ser. De todas as formas, deveríamos saber que a relação com outra pessoa tenderia a ser transitória e se modificar: se for no Eros, deixaremos de desejar, porque teremos realizado o desejo de ter aquilo que faltava; e se for na dimensão da alegria, a longo prazo, a pessoa que nos alegra hoje pode nos entristecer amanhã, já que não somos entes que duram e que possuem as mesmas características do início ao fim da vida, mas prometemos amor eterno. "Até que a morte nos separe!" e alienamos nosso futuro, mesmo a razão (nossa paixão que pensamos ser tão pungente), já tendo demonstrado como tudo aquilo que é sólido parecia mesmo desmanchar-se no ar. Dali em diante — quando duas ou mais pessoas afetadas de amor se unem por um voto que consideram "infinito enquanto dure" e que tentarão fazer durar após o desfrute das sensações que causaram a aproximação inicial, ambos os seres são desfeitos de suas individualidades, de toda a barreira que fora construída e que chamamos de "eu", de "ego", que nomeamos e atribuímos personalidade. Não é possível amar sem se autodestruir, mas a perspectiva de autodestruição é também uma ilusão dentro de outra, já que o ser humano é múltiplo e nesse contato amoroso, nesse contato que faz colapsar a razão. Pela primeira vez, percebe que sua razão é deficitária e persevera para que o outro seja incorporado a si: humanos que amam são humanos que perceberam que as fronteiras do indivíduo existem para serem expandidas até o limite, perceberam que poderão — com a ajuda do outro — não apenas estudar a centelha que é si mesmo, mas construir e transformar, por meio de um olhar fora de seu corpo, a ilusória definição de "eu" em algo mais harmônico com os demais entes que estão em Gaia. A razão está adormecendo paulatinamente e a primeira expansão — aquela do objeto amado, talvez, em uma nova revolução além das luzes iluministas, será direcionada para toda a humanidade, para toda a Gaia, e sem os impulsos inconciliáveis provenientes de um Urano em desequilíbrio. O ajuste cósmico para formar o mosaico do que é estar humano começa no amor: amor, é estar em relação diante uma rede ímpar de possibilidades e, todavia, ainda assim buscar entender antes de repelir violentamente o que diverge de nós.

A razão nos abandona também em nossa relação com Gaia e, em tempos antigos, pensávamos que as nossas brutalidades, guerras e ações irracionais eram produtos da carência de uma espécie que ainda não estava capacitada para atender às necessidades do instinto, necessidades primárias: alimentar, morar, reproduzir e cuidar de si. Veio o culto da racionalidade e esses problemas já poderiam ter sido superados há muito tempo — é o encantamento por meio da razão e a certeza que ela seria capaz de ser o novo Deus deste século — que iria conduzir os homens para a primazia da natureza e vejam como tudo está. Alguns, já percebendo a marca irracional na humanidade, tentam a saída individual e fazem um projeto solitário — às vezes, solitário com a presença de pessoas, ou seja, o ente conserva a sua solidão, dá primazia a tudo o que ele faz e se relaciona na medida necessária para aumentar sua própria potência de agir, para instrumentalizar o outro e nunca tenta construir algo em comum; são corpos cindidos que se chocam, mas que não fazem parte dos mesmos objetivos e que, portanto, serão descartados quando perderem os atributos tidos como valorosos.

DESEQUILÍBRIO

Nessa saída individual — aceitando a ideia de "eu" e imaginando o outro pelas nossas projeções falhas dos sentidos, esquecendo que enquanto vivemos as pessoas passam por processos mil que nos escapam —, o tempo e o lugar constituem problemas quase insolúveis perante o ente humano fragmentado. O tempo é nosso problema. Quem sou eu? Quem é cada um de nós? Quem somos? O que aconteceu enquanto eu não estava vendo? Esta última — problema de tempo e de lugar — está conosco o tempo todo, porque, querendo ou não, a nossa existência corpórea — existência em que os órgãos do sentido estão radicados — definha continuamente em direção a um descolamento da matéria.

Enquanto William foi mantido afastado de Gaia — quando do acidente de Gramsci, da imersão no reino de Urano e da reconstrução operada pelos deuses artífices, a vida em Gaia continuava e mais pessoas cindidas eram engendradas: nasciam, cresciam, morriam pelas guerras, davam-se em casamento, algumas apenas sobreviviam e assim se foi. Quando de cada lançamento da parte de Urano sobre Gaia — lançamento feito por Hefesto —, uma luz brilhava indicando que um novo ente havia nascido: a luz acendia e em seguida se apagava, mas o fato de apagar não significava a morte do ser vivente e, sim, que ele havia saído do reino de Urano e entrado no de Gaia. A terra, vista pelos três deuses artífices: Prometeu, Epimeteu e Hefesto — brilhava continuamente a cada nascimento e cabia aos três acompanhar esse brilho. Tentem imaginar (assim como as diversas entidades que assumem a narrativa dessas palavras sobre o "Desequilíbrio" e que escrevem pela própria percepção, contrariando uma a percepção da outra) a imagem que os três artífices viam daquilo que era Gaia; não, não era uma superfície plana parada em um firmamento! Não faz sentido ser assim e acham mesmo que a sabedoria de Hefesto iria moldar a Terra — que agora tem corpo — em uma forma tão difícil de ser vigiada? Gaia era redonda e rodava em torno dos deuses e de si mesma, o movimento era um meio de defesa dela para que os seres que a habitavam pudessem passar diante do Tempo (que fica parado esperando, que é reativo por ter sido contido por Zeus) e, assim, perderiam pouco a pouco a vitalidade e morreriam.

Então, a todo o momento, os artífices estão olhando as luzes que se acendiam e se apagavam quando do nascimento, mas, quando da morte, um ponto escuro ficava visível e a gravidade da massa espiritual atraía os descolados para sofrerem os processos que vocês já conhecem. É um trânsito absurdo de fogos que vão para Gaia e névoa negra que sai dela, além de um terceiro gênero de luz que brilha como se estivesse nascendo novamente: os gênios, aqueles que possuem o corpo radicado em Gaia, desfrutam dos prazeres que ela oferece, mas são capazes de visualizar a forma real de Urano e passam a ser (apesar de possuírem o espírito glutão do céu fornicador) um aliado para a terra — eles tentam entender a categoria da contrariedade e resgatam uma parte do amor de Urano, sem aquela pungência de desejo irracional

Em relação às luzes ordinárias — pessoas que brilham ao nascer e escurecem diante da morte —, a teogonia segue indiferente a tudo isso e as histórias delas são esquecidas. Gramsci — acidentado e cheio de fissuras — estava piscando ininterruptamente e chamando a atenção dos artífices (que jaziam ligando William e outros espíritos); assim, um feixe de luz é colocado sobre o pequeno bebê enfermo e com a coluna machucada — com probabilidade de viver, mas cujos pais duvidavam que teria uma recuperação mental adequada, a ponto de poder ter um nível suficiente de capacidade para aproveitar a vida de forma produtiva. Ele é retirado da Itália e é levado até o hospital de Salpêtrière — na França, onde deveria ficar até sua pronta recuperação.

As luzes extraordinárias acendiam novamente e ficavam acesas enquanto o indivíduo cheio de possibilidades seguia em seu caminho de aperfeiçoamento ou por um impulso de um espírito-narrador poderoso, ou pela influência de um espírito literário — por brechas defeituosas, quando da ligação da alma com corpo; por sentimentos vivenciados que rompiam o casulo em que as partes de Urano estavam e por inúmeros outros fatos. Assim, uma nova luz que havia brilhado quando do nascimento em Freiberg, na Morávia, Império Austro-Húngaro, volta a brilhar, mas, dessa vez, em Viena: Sigmund Schlomo Freud; uma das luzes mais fortes para ligar Gaia e Urano por meio de um canal de dados que tenderia a equilibrar um pouco mais a relação dos deuses e, quem sabe, reduzir e muito o extenuante trabalho dos artífices.

Hefesto, Prometeu e Epimeteu — desde quando a caixa de Pandora fora aberta por meio do artifício de Zeus em enganar o último, e todos os males foram espalhados pela humanidade — ficam feitos loucos acompanhando os pontos escuros que indicam novas mortes e mais trabalho a ser feito. A busca por conter cada maldade em um casulo, por fechar nos indivíduos essa praga maldita imposta por Zeus (quando nasce um humano, os espíritos malignos que estavam na caixa de Pandora adentram na rede neuronal do

DESEQUILÍBRIO

recém-nascido e promovem as desgraças —, daí a tentativa de contrapor esses impulsos agressivos e destruidores, com impulsos provenientes dos espíritos narradores, daqueles espíritos relevantes e que praticaram a iluminação) é o motivo de tanto esforço: conter a herança de Pandora no inconsciente e fazer com que uma parte menor venha à tona, já que qualquer resquício daquilo que saíra da maldita caixa, representaria a impossibilidade de viver em sociedade. Pandora, no entanto, tem seus demônios envenenadores na forma líquida: eles escapam diante de qualquer fenda que possa aparecer e vocês já viram eles em várias ocasiões.

Pandora é presa durante o dia (ao menos quando o humano cresce e adquire "autonomia da ação prática", quando delibera racionalmente "Ser ou não ser?", "agir ou não agir?" e não deixa a vida levar ao sabor dos encontros), mas, ao contrário, ele tenta agir com os outros da mesma maneira que gostaria que agissem com ele. Claro, há aqueles mal constituídos que deixa Pandora tomar conta, que cede aos impulsos violentos e que está completamente apodrecido. Os outros — os que usam a vigília para manter Pandora dormindo, assim que dormem permitem involuntariamente que Pandora saia: um pesadelo, um sonho com a mulher casada, desejo de ter a posse do vizinho, devaneio em ser o melhor em tudo aquilo que executa, imaginar um corpo perfeito em si mesmo, sonhar com o aplauso e reconhecimento, ver a si como sendo um humano repleto dos mais altos valores, odiar o outro e imaginar que ele possui mais defeitos do que nós e por aí vai. Quando você se deita e pega no sono, os demônios "filhos de Pandora" sussurram em seus ouvidos, eles passam as mãos em cada parte do seu corpo em conformidade com os desejos que você tenta esconder! Eles estão dentro de você e, mesmo diante de um ato que você realiza na intimidade de seu quarto ou banheiro cuidadosamente fechados — ato que percebe apenas pelo recorte dos cinco sentidos — os demônios continuam te assistindo, mas na totalidade. Eles percebem os impulsos elétricos e involuntários que você não vê, eles são afetados por cada pelo que se mexe de um lado para o outro e vão para o leito contigo, fazendo com que sensações inexplicáveis te contaminem após acordar.

E você que tentou contê-los durante todo o dia na vigília — tentará acordar para se livrar de um pesadelo, mas não acordará e pior: tudo aquilo que você conteve com todas as forças virá te visitar no turno da noite. Você ficará à mercê de Pandora sofrendo por desejos que teve e que não devia ter. Você moralizará os desejos pensando que são provenientes de uma falha sua, talvez, como seus antepassados, inventará totens e tabus que não podem ser tocados, mencionados e outras proibições. Abrigar-se-á nas superstições supervalorizando os próprios pensamentos, ajoelhar-se-á e rezará pedindo graça a um Deus indiferente a você e carregará seus demônios nas costas, dia e noite, noite e dia. Às vezes, o demônio que atormenta no sonho é um demônio bonito que se transveste da mulher amada e proibida — daquela (loira ou morena, será de acordo com seu gosto, com as formas que mais te agradam) que você vê diariamente e que sabe estar comprometida com seu melhor amigo, com um parente respeitado e tudo mais. Pandora esconde os defeitos de seu objeto de desejo, esconde, por exemplo, se a pessoa tem tendência a traição, se a pessoa te levará para a morte, esconde a tua condição e você esquece quem é, como é comum daqueles que desejam além das possibilidades e que não conseguem parar na frente do espelho e enxergar as próprias limitações. O Eros de Pandora não é o mesmo que te impulsiona ativamente para realizar um desejo; é um Eros que toma conta de tudo e não permite que o ente veja mais nada. Passará o dia balbuciando, babando, encostado na vida, sem ânimo e esperando não sabe o que, sem saber o que busca e nem como buscar.

Pandora emerge de quando em quando do casulo instintivo de que fora posta. Emerge nos sonhos, diante dos desejos e das paixões arrebatadoras — paixões como sendo qualquer sentimento que te leva a agir sem raciocinar. Para aqueles mais disciplinados e que acham que controlarão totalmente Pandora resta a impossibilidade de estar feliz e o afastamento da vida vivida; a pessoa reprime tanto, reprime tanto, que não mais consegue existir e faz das cadeias dos instintos, a cadeia própria. Prende a si mesmo em um corpo que não sente e é atacado pela melancolia, pelo luto, pela frustração. Há uma Pandora para cada ser humano! Há uma Pandora para cada emoção e para cada momento de nossas vidas! Você mudou? Pandora muda contigo para te acompanhar e torturar e te abandonará quando você morrer para perturbar outro idiota como você. Alcançou um sonho? Pandora te atacará com o medo de perder aquilo que conseguiu!

Em Viena, o menino Sigmund Freud, o mesmo que molhava a cama até os dois anos de idade (quando ainda estava na Morávia) fora estudar na Kaiser Josefstrasse e, desde aquele momento, ensejava uma existência fascinada pelo funcionamento do corpo e de todos os apêndices que esse possuía. Freud olharia os filhos de Pandora com admiração e postura inquiridora e não com a negação típica de sua época, que achava que tudo pode ser

DESEQUILÍBRIO

resolvido com a ausência de sofrimento e é incapaz de olhar o buraco em si. Já na infância, o pequeno Sigmund fora muito privilegiado, tendo recebido uma lamparina para iluminar seu quarto, enquanto seus irmãos possuíam apenas velas. Ele estudava dia e noite e, às vezes, fazia as refeições no quarto para não perder tempo. A lamparina, aliás, aos olhos perscrutadores de quem tenta ver por debaixo do véu das superestruturas, forneceria uma analogia de sua situação no mundo. Sua luz iluminava apenas onde a atenção estava focada, enquanto o resto ficaria na penumbra até que viesse o dia, mas nem por isso deixaria de existir por não ser visto.

O menino (quando se habilitou a frequentar a escola secundária — Sper Gymnasyum um ano antes da idade normal) percebera um talento que fora desenvolvido ao extremo: era excelente para aprender línguas e lia de tudo, até mesmo os atos das pessoas. A primeira vez que Pandora fora incisiva no pequeno judeu que era odiado por pertencer a um povo estigmatizado por todo o mundo — foi quando da perspectiva de menino sonhador — é abalado pelo relato do pai Jakob (tido como o herói imbatível), mas que conta ao filho acerca de como dois antissemitas o expulsaram da calçada e jogaram seu gorro na lama, sem ele revidar. Freud tinha 12 anos na época e, a partir de então, nascia ali uma aversão ao genitor e que nunca seria sanada; um trauma pela inação daquele que deveria fazer com que os outros o respeitassem. O horror do ultraje sofrido pelo pai nem é uma empatia pela dor alheia, e, sim, a sensação de que "se meu pai que manda em mim e que serve de modelo, é humilhado desse jeito, em que posição eu me encontro?", daí a necessidade de buscar tomar o lugar de Jakob, de matar idealmente o pai, ou seja, de superá-lo em todos os aspectos, porque o velho parecia um castrado e que se rendera a sofrer os insultos do mundo como fosse um animal qualquer.

O que Freud — leitor incansável de Shakespeare — percebia nos livros e na vida, era que o sofrimento iria acompanhá-lo durante toda a existência e cabia a ele lidar com isso. Não era uma questão de ajustar o mundo ao nosso bel prazer e, sim, de nos preparar para que as contingências do mundo fossem sentidas de modo mais brando. Freud — "Em minha juventude, sentia uma intensa necessidade de compreender alguma coisa dos enigmas do mundo em que vivemos e, talvez, até mesmo de contribuir com algo para a sua solução e assim me matriculei na faculdade de Viena aos 17 anos. Fui fazer Medicina e gastava quase 30 horas de dissecação anatômica, procurando encontrar as respostas para as perguntas que o mero contemplar e as filosofias até então eram incapazes de fornecer. O meu filtro do mundo era pela lente do microscópico, mas em Viena ou na Alemanha, o conhecimento medicinal não era capaz de fornecer as soluções nem mesmo para as histerias mais simples, quem dirá respostas complexas sobre o que era o ser humano.".

Freud – havia médicos em excesso em Viena e não era fácil para um judeu de etnia, recém-formado, conseguir uma clientela fixa e poder viver exercendo a medicina. O meu amor — a doce Martha — não podia esperar muito tempo, mas eu não tinha a mínima condição de propor um casamento. Como iríamos nos sustentar? E se ela risse de minhas propostas de amor? Decidi estudar a anatomia do cérebro, é a única que realmente me importa e tive coragem de propor casamento para minha amada, sem nada, sem a mínima condição de manter uma família, apressado demais para ficar cinco anos em uma mesma cidade, esperando migalhas de pacientes que sobravam de meus antigos professores. Tudo fiz confiando em empréstimos dos amigos. O conhecimento que eu precisava implicava em estagiar e pouco receber ou se contentar com uma medicina ordinária para, ao fim da vida, criar os filhos, ver os netos e morrer.

Freud – surgiu no horizonte o médico Josef Breuer que, tratando a paciente Anna O. e outras, percebeu que havia algo na mente que superava a mera dimensão das relações orgânicas — essas doenças foram chamadas de histeria — uma espécie de definição preconceituosa para um sintoma quando não se conseguia explicar a causa. É sempre assim: tudo o que desconhecemos tratamos com estranhamento. Os médicos, por exemplo, percebendo uma mão paralisada, a incapacidade de falar ou mesmo de amamentar e investigando os nervos e componentes que ligam a parte do corpo afetada com o restante, se não encontravam anomalia nenhuma, imaginavam ser produto da vontade histérica — pessoas que mentiam sobre ter doenças para chamar a atenção se colocando como vítimas.

Freud – Breuer tratou a doença de Anna com a hipnose e nos unimos para publicar nosso estudo juntos: "Estudos sobre Histeria" e passamos a usá-la como meio de tratamento regular. A causa da histeria, após catalogar inúmeros casos, era sempre um evento traumático que despertara sensações fortes e que projetava nas pacientes o medo de repetição, o sentimento de culpa e outros temores. A sugestão, o ato de falar sobre o que ocorria e outros mecanismos que surgiam durante o tratamento — era nosso mergulho em um novo universo, no universo de Pandora — sendo guiados unicamente pela experimentação e, portanto, sem um percurso delineado *a priori*.

DESEQUILÍBRIO

Freud – para Breuer, o princípio do prazer é uma tendência que atua a serviço de uma função cuja tarefa é libertar inteiramente da excitação do aparelho mental, ou manter constante o nível de excitação dentro dele, ou mantê-lo tão baixo quanto possível, ou seja, qualquer disposição extrema, que desarranja internamente (principalmente em função de uma sociedade repressora), tendia a produzir mais histerias.

Freud – o início fora incerto em relação ao reconhecimento público, mas obtivemos sucesso no tratamento de pacientes que antes eram abandonadas sem nenhuma assistência. Um dia, por um daqueles acasos do destino, Anna O., que se viu momentaneamente aliviada dos sintomas que tanto a perseguiam, projeta em Breuer um sentimento de amor, a ideia de o médico ser seu protetor, devido à instabilidade dela. As relações de ambos foram rompidas. Breuer, casado e com medo de não saber separar seus desejos de homem com a atribuição de médico, resolve deixar de lado a pesquisa e rejeita qualquer implicação de cunho sexual na origem das histerias e neuroses. Mais uma vez, era preciso recomeçar e soube — por meio da faculdade d'e Medicina de Viena — que havia a possibilidade de um médico residente partir para estágios no hospital de Salpêtrière, na França e estudar com o grande Jean-Martin-Charcot, que proferia palestras memoráveis sobre a neurologia, além de ter uma variedade muito grande de pacientes à sua disposição. Um, em especial — segundo consta nos jornais —, passara a vida confundindo literatura e realidade e anotara todas as suas experiências em seus cadernos. Parti para a França prometendo me casar com Martha quando do retorno a Viena.

CAPÍTULO VIII

COM AMOR, SIGMUND: DELÍRIOS NO SALPÊTRIÈRE

Quando Sigmund Freud chega na França — ele que tanto apreciava a beleza de Viena —, de certa forma, é impactado com arquitetura francesa, com os monumentos e parecia que tudo o que fora feito naquela cidade — que deveria ter funções práticas, como estradas que ligam um lugar a outro ou um edifício em que existe uma repartição pública — tinha, na verdade, unicamente um propósito artístico e o visitante inebriado pelo que via era envolvido em uma atmosfera dos sonhos.

O período inicial de Freud em Paris, antes de ele se apresentar de fato para a residência no Hospital de Salpêtrière, foi marcado por duas semanas de folga compulsória: acontece que ele não tinha nenhum interesse além de acompanhar Charcot em seu trabalho e estudar o caso do famoso paciente dos diários, que agora ele sabia ser Antoine Gramsci, essas duas pessoas mais interessantes — para a surpresa de Freud —haviam viajado para a Itália: Charcot acompanhara Gramsci em seu processo de readaptação para vida na sociedade, além de aproveitar para conhecer um pouco mais da senhora Giuseppina e do senhor Francesco (pais do paciente) e que, desde a internação do filho ainda infante, usava apenas o expediente de cartas e fotos para se comunicar e manter as relações familiares.

Freud tinha, sim, seu interesse quase que unicamente voltado para as ciências com relação direta com a medicina, mas o amor arrebatador por Martha, conforme ele mesmo escrevia, fazia-o "romper com as supostas inimizades entre artistas e cientistas: já que os primeiros possuíam uma chave mestra para abrir os corações femininos ao passo que nós permaneceremos desamparados perante o estranho desenho da fechadura e temos primeiro de nos atormentar para descobrir uma chave apropriada. Eu serei um artista e um astrônomo em meu modo de ver e descrever o mundo para ela, porque meu amor não pode categorizado apenas por minha razão".

Freud – em Paris o meu ciúme aflorava e as cartas trocadas com Martha pareciam preencher toda a minha preocupação. Ter tempo livre é sofrer pensando naquilo que não temos condições de realizar! É parar olhando o presente, que parece nos mostrar que estamos devendo para nós mesmos, que estamos atrasados e aquém do lugar em que deveríamos estar. As cartas de Martha eram reconfortantes e desesperadoras ao mesmo tempo: nunca consegui apenas ler o que havia sido escrito de modo objetivo por ela; lia, relia e relia novamente e, quando nada encontrava além do que havia disposto claramente, colocava a carta em um pacote com etiqueta "cartas abertas". As outras, aquelas em que possíveis interpretações eram obtidas: ela quer terminar! Tem outro alguém! Ela está preocupada com a questão financeira e outros devaneios interpretativos, faziam parte de outro pacote com a etiqueta "cartas ocultas". É uma invenção do diabo que a tristeza dilate o tempo, enquanto a alegria o abrevie. Esperar o retorno de Charcot e esperar para estar com Martha — uma tortura pior do que a outra. Todos os dias eu mandava uma nova carta com mais de dez páginas de amor e de insegurança e, assim, para ocupar o tempo livre até o retorno do mestre francês, resolvi ir até a entrada do Hospital Salpêtrière e apreciar o lugar em que eu deveria ficar; quem sabe não consigo encontrar outro paciente interessante antes da volta do homem dos diários.

Freud – chegando na entrada do Salpêtrière, eu pensei que aquilo não podia ser um hospital: parecia que eu estava diante do palácio de inverno do Czar russo ou em alguma construção da Grécia antiga; o hospital era um mundo todo e não tenho a pretensão de descrever tantas coisas por meio das palavras. Fiquei mais de um ano indo todos os dias para o Salpêtrière, na verdade, eu residia dentro do hospital, mas tinha uma necessidade de sair e contemplar a entrada, as pedras incrustadas em forma de mosaico com bordas que davam a sensação de continuação infinita. Apesar da vastidão construída, o acesso de pessoas que não trabalhavam no hospital, era feito por meio um corredor central, que era rodeado por esculturas de humanos, com partes de animais e/ou divindades. A vegetação confluía de modo orgânico para o centro e o corredor se afunilava até três túneis com a cobertura em forma de abóboda reforçados por rochas que pareciam ser muito resistentes.

Freud – o piso externo era composto de pedras irregulares e, além do corredor central, havia dois corredores paralelos: um à esquerda e outro à direita, usados para entrada de suprimentos, de pacientes e trabalhadores.

DESEQUILÍBRIO

O edifício era formado por três andares: o primeiro possuía pequenas portas quadradas, mas com a parte superior no formato de abóbada. O segundo e o terceiro tinham janelas (do tamanho de portas) em formato retangular, com grades quadradas e vidros transparentes. A cobertura é uma junção de estilos, que podemos classificar como barroca. Por exemplo, na parte da entrada central, imediatamente acima dos três andares, há encaixes em forma de trapézios, que são unidos por uma superfície retangular, o que destaca ainda mais a geometria do conjunto. Acima do trapézio central, se sobressai uma torre redonda, montada por algo como chapas colocadas na vertical e com um afunilamento moderado, que fazia com que as arestas fossem mais expressivas e perceptíveis. Acima da torre redonda, há outra de mesmo formato, em que ficava um relógio e, finalmente, o último teto. O que chama atenção é a ilusão de conjunto que o hospital proporciona para quem está fora. Olhando de longe, parece que uma e outra torre (que são separadas e atendem à distintas necessidades), fazem parte de um todo orgânico, encaixado como em um quebra-cabeças bem montado.

Freud – o que atrai o visitante que não conhece o espaço é a torre redonda de arestas salientes e levemente vincadas. Pensamos ter compreendido tudo à distância. É uma visão que somente é possível por meio de um afastamento, mas a curiosidade nos faz nos aproximar e descobrir mais. Então, paramos olhando o jardim externo (que no inverno é composto por árvores podadas e no verão elas ficam frondosas). Ao se aproximar da entrada (descrita anteriormente), novas imagens surgem, como a matrioska russa: uma superfície dentro de outra: da visão total que parece um castelo russo, das portas que parecem colunas gregas e romanas, dos corredores em abóboda, das pedras encaixadas, dos detalhes das pedras e, de novo, da continuidade entre um andar e outro e — quando nos acostumamos com a disposição e pensamos ter mapeado a ideia do arquiteto que projetou — surgem trapézios, retângulos, cortes abruptos e a longa torre redonda com suas arestas e, então, diante do desequilíbrio em perceber o hospital, saímos de dentro dele e voltamos para a rua para contemplar de novo, para tentar de novo visualizar o que é que foi construído; tentar estabelecer uma nova forma de abordagem visual. O pior é que só estou falando da entrada do Salpêtrière. Eu nem comentei do jardim interno e nem vou fazê-lo; deixarei que os pacientes — que não são afetados pela necessidade de seguir as regras nossas de organização — descrevam esses espaços, até porque, no caso do homem do diário, ele cresceu e passou a vida toda ali. Ali aprendeu a andar, a escrever, apoiou-se naquelas pedras, nos móveis e viu o mundo

ÉLDER DA SILVA RAIMUNDO

pela janela desse mundo chamado Salpêtrière. Direi eu como Miranda de a Tempestade: "Oh, *Admirável Mundo Novo*, que tem tais habitantes!", que estranhas criaturas aqui acharei? Que olhares seus olhares me mostrarão?

Freud – lembro-me de um dia de domingo em que o mundo parecia mais obscuro do que de costume e saí do hospital caminhando, ouvindo o barulho dos sapatos nas pedras da entrada do Salpêtrière e nuvens negras indicavam que o sol não nasceria naquela manhã. Pequenos pingos de chuvas quase imperceptíveis caíram sobre mim. Minha cartola, junto com meu sobretudo, garantiu que eu continuasse andando e explorando a cidade sem maiores infortúnios. A minha dúvida era aonde ir, o que eu buscaria nesse passeio não habitual? Subi em uma calçada e mesmo sem estar me molhando — se vocês usam óculos ou usaram vão entender melhor o que quero dizer — os pingos começaram a atrapalhar minha visão, os óculos estavam ficando pouco a pouco molhados. Limpei-os algumas vezes, mas o ato de fazê-lo deslocava minha atenção para uma questão corriqueira: é preciso polir nossas lentes para enxergar bem, já que o mundo faz de tudo para que permaneçamos na escuridão. Recusei-me a opção de guardar os óculos no bolso e segui caminhando, pois em um passeio a tendência é não forçar tanto a visão e poderia ter caminhado tranquilamente sem ter de me preocupar com esse minúsculo contratempo.

Freud – obstinadamente, tentei olhar por meio dos óculos com água, o que distorceu um pouco as imagens que eu percebia e, então, limpei as lentes novamente. Poderia ter pegado um guarda-chuva e resolver meu problema. Eu tinha um guarda-chuva no quarto e gastaria muito menos tempo para retornar ao hospital e pegá-lo do que o tempo gasto limpando os óculos. Recusei, novamente! Categoricamente, recusei a me esconder em uma proteção artificial e resolvi apreciar a chuva, a leve garoa que estava caindo sobre mim. Olhei para a calçada em que caminhava, tive uma pequena tontura e fui obrigado a tatear até um banco molhado que estava próximo. Sentado, lembrei que havia tomado meu café da manhã e que não haveria motivos para uma queda brusca de pressão. Como médico que sou, fui repassando mentalmente os sintomas de tontura e fraqueza e descartando as possíveis causas. Talvez, a própria fraqueza tenha turvado minha razão e deixei passar algo despercebido. A calçada continuava lá e parecia que ela vinha na minha direção, recuperei o meu ânimo e olhei (ainda estava perto do Salpêtrière) para a parte externa do hospital e não vi mais as estátuas de pessoas, de humanos com cabeças de animais que enfeitavam o jardim. A partir daquele domingo, nunca mais vira tais estátuas do lado de fora. O curioso é que havia

80

DESEQUILÍBRIO

estátuas similares, mas, ao contrário da primeira percepção, elas ficavam na parte de dentro do Salpêtrière e a minha mente — por alguma causa que me escapa — jogou todas elas para serem expostas perante o público externo.

Freud – retomando o foco do olhar para a calçada que eu devia seguir, vi uma imagem como se fosse de meu pai caminhando e ele passou na frente do banco em que eu estava e não me viu: ele caminhava de cabeça baixa, com ombros retraídos, postura curvada e levemente encolhida, bem rente ao muro e longe da rua. Vi também duas figuras pomposas vindo ao encontro dele: dois soldados uniformizados, postura ereta, uniforme marrom escuro, gravatas vermelhas, camisa cinza, quepe preto com um enfeite central em forma de uma pequena bandeira — composta por um quadrado vermelho, um círculo branco e uma suástica desenhada com linhas pretas, a mesma bandeira era ostentada em ambos os braços de cada soldado —, na parte posterior da junção que liga o bíceps com o antebraço. Possuíam armas de fogo (que não identifiquei quais eram) e caminhavam "se espalhando", como se quisessem preencher todo o mundo com o próprio corpo. O uniforme produzia a sensação de que os soldados eram mais fortes, de que tinham ombros e braços mais resistentes do que os que possuíam. Quando os dois homens se aproximaram do meu pai, ele parou de andar e se apertou na direção da parede, com olhar cabisbaixo e esperando os "digníssimos" passarem, mas, para minha surpresa, ambos pararam diante do velho encolhido e o afastaram da parede com um chute no meio do peito — que o fez cair no chão, sujando as roupas e as mãos na lama. O gorro branco de meu pai — se por instinto ou acaso, eu não sei — foi a única peça que permaneceu incólume a sujeira (era o símbolo de sua fé e simbolizava que acima do homem há um Deus que o protege; por isso, os judeus usam esse item sagrado). Os dois arruaceiros antissemitas, não contentes da agressão primeira, obrigaram meu pai a jogar o gorro na lama e se recusaram tetricamente a tocar nas peças do "judeu sujo". Meu pai, como um pobre inseto, joga seu gorro no barro, esfrega ele no chão e vai se sentar na lama. Em seguida, levanta-se e caminha apoiado nos pés e nas mãos (como se fossem quatro patas), enquanto os soldados seguiram o percurso dizendo impropérios racistas. Eu — que produzi toda a imagem em minha mente e trouxe a lembrança de meu pai e dos soldados antissemitas — com o mesmo poder de dar uma imagem corpórea diante daquela calçada vazia em que uma chuva fina caía sobre um jovem médico se recuperando de um leve mal-estar, ataquei mentalmente os soldados: imaginei-me no lugar de meu pai e, antes do chute chegar até meu peito, segurei a perna do agressor (que se movia mal com medo de sujar o uniforme) e o arremessei na lama. O outro foi detido por uma legião de pessoas que surgiam do nada e que não toleravam abusos. Fizemos os dois irem caminhando somente com as roupas de baixo e revelando a pusilanimidade que tentavam esconder por meio de seus postos militares. O mal-estar passou e decidi anotar essa lembrança e contar para vocês, para, então, continuar meu relato daquele domingo estranho, daquele outro país em que meu pai insistia em aparecer para me fazer passar vergonha com seu medo paralisante.

Freud – levantei-me do banco para voltar a caminhar pela calçada e tomei o lugar do meu pai de novo, percebi que enquanto eu estava sentado, com o olhar para o chão (conforme o velho costumava andar), os meus óculos não foram açoitados pelos pingos da chuva e resolvi mudar minha postura nesse experimento sem lógica de tentar seguir os passos do pai; ver como o pai faz, mas não ver para ser exatamente igual a ele e sim para entender o que ele era. Saí caminhando assim, prestando a atenção nos sapatos e nas pedras do chão. Além dos óculos, que agora não estavam mais molhados, o problema de onde ir também foi resolvido: caminharia indiscriminadamente, seguindo o mosaico do chão e levantaria o olhar quando parasse de chover. Tive essa estranha sensação de deixar o acaso dominar meu destino, enquanto o "eu" racional observava e anotava mentalmente tudo para possíveis experimentos. Caminhei por aproximadamente uma hora e meia — sem saber para onde ia —, até que a chuva apertou e eu precisei me abrigar, sob pena de comprometer gravemente a saúde, o que impediria não só a continuidade do estágio (pessoas doentes, por razões óbvias, não podiam acompanhar a ronda do professor Charcot), como me levaria a gastar recursos que não disponho para me recuperar. Parei em frente a uma banca de jornal — o único comércio próximo que estava aberto e fui logo recebido pelo dono: o senhor Jerome Faroche, que, por mais incrível que pareça, estava completamente ébrio e falante. Ele era um humano caloroso, apesar de ser francês. Pela primeira vez, eu poderia conversar com um francês sem os vícios civilizatórios da etiqueta exagerada e ver o que eles são de fato.

Freud – a banca de Jerome era a parte da frente da residência em que ele morava e parecia que funcionava mais comércios naquele mísero espaço. Vi de soslaio uma máquina de costura, bebidas e alguns alimentos à venda. Jerome puxou o toldo do seu estabelecimento e começou a conversar animadamente, perguntando o que eu fazia, por que estava ali e coisas do tipo. Disse a ele que eu era médico e que tinha vindo até a França para estudar a mente das pessoas.

DESEQUILÍBRIO

Jerome – "Eu tenho a cura das doenças, doutor! Aqui! Aqui está a cura de tudo!" (erguendo o litro quase vazio de bebida e já pegando outro). Mordeu na rolha com o canto da boca, como se aquilo fosse um charuto, girou o litro e cuspiu a rolha o chão, oferecendo um gole do líquido estranho para Freud. Coçou a barriga saliente que aparecia por fora da camisa, bem onde faltava um botão e seguiu falando coisas que não dava para entender.

Freud – então, se eu quisesse uma bebida para lembrar melhor das coisas e outra para dormir rapidamente à noite, o que senhor me recomendaria?

Jerome – eu sempre tomo uma boa (virando as costas olhando uma prateleira com uma variedade de garrafas), mas já esqueci qual que é a boa de fazer a gente lembrar. O doutor precisa mandar no próprio corpo! Eu no lugar que encosto já durmo, difícil mesmo é me manter acordado.

No cômodo anexo, Frieda (esposa de Jerome), ouvindo conversas, foi até a banca e pensou que mais uma vez o marido estava distribuindo bebidas para seus amigos ébrios, bem no domingo, o único dia em que a banca devia estar fechada e eles, como de costume, precisavam ir para a igreja. Ela sai com os cabelos cheios de uns rolinhos estranhos e mal-vestida, imaginando encontrar os mesmos desleixados de sempre e se surpreende com a presença de Freud — que sempre andava alinhado, mesmo quando fugia de uma garoa que virara uma tempestade.

Freud – não muito tempo depois, volta Frieda de banho tomado e toda arrumada, de modo que nem parecia ser a mesma pessoa. Jerome, após contar umas 20 histórias alucinantes, de como quase conquistara uma princesa russa que visitava a França, da época em praticara boxe e mais uma série de invenções que fazia seus olhos brilharem, tomara um café forte e fora se refazer para entabular nova conversa, dessa vez, como o típico francês. Sempre havia uma descrição exagerada em suas falas e a roupas do casal pareciam esconder o buraco aparente daquilo que eram. As mesmas roupas que davam poder aos soldados e que chamam a atenção. A partir de então, em cada encontro com pessoas diferentes, eu tentava desesperadamente imaginá-las usando os trapos em que encontrei Jerome. Contando agora, retrospectivamente de quando eu voltei de Paris para Viena com tudo o que adquiri das experiências de Charcot, tive o primeiro grande desafio e que me fez titubear: era necessário prestar uma conferência para a comunidade médica, responder a exames orais perante todos e explicar o que eu tinha visto no Salpêtrière. Para os médicos vienenses e alemães — apegados como eu era, mas de modo mais radical ao conhecimento por meio da anatomia

—, era um empreendimento gigantesco falar da hipnose, da sugestão e da psicanálise em si. Eu via aqueles doutores famosos, com seus bigodes escovados e ameaçadores e imaginava todos em trajes ridículos; a ideia do humor me ajudava a dispersar minha tensão e, apesar de todo o fracasso inicial de minhas palestras, todavia, eu conseguia discorrer exatamente como havia planejado sobre cada minúcia da nova ciência que eu engendrara após meu aprendizado com Breuer e Charcot. Se eu não tive o reconhecimento esperado, foi menos por minha culpa e mais pelo preconceito de mentes fechadas.

Freud – a tempestade já ia passando e eu estava me preparando para ir embora, antevendo a tensão de Frieda diante de um estranho que atrapalhava sua ida para o culto religioso. Levantei-me da banqueta, agradeci o café, peguei minha cartola ainda umedecida e fui seguindo, nisso, sem mais nem menos, Jerome me segurou pelos braços e insistiu em permanecer conversando (acontece que quase ninguém tinha paciência de ouvir um bêbado, porque era até difícil entender sobre o que ele falava). Eu, paciente e observador como sempre o fui, ficara ouvindo atentamente as histórias, invenções, partes inaudíveis e, por isso, ganhei a afeição daquele homem. Frieda — respeitosa, mas convicta — ralhou com o marido para que me soltasse, obrigando-o a ir junto com ela.

Jerome – não sou eu o dono de minha vida? Não tenho o direito de escolher o que vou fazer nem mesmo em minha folga? Quem você pensa que é mulher? Eu, na verdade, estou com sono, muito sono! Mas o senhor vai voltar, doutor? Tome! Tome aqui um presente! (revirando a banca e procurando algo que viesse agradar a Freud). Doutor, achei! Achei! Aqui estão seus presentes, porque o senhor é bom de conversa: uma cópia de uma imagem de santos comendo na Santa Ceia enquanto pecadores morrem afundados no mar, um folheto que conta a história do hospital dos doidos que o senhor trabalha e um romance que também fala de loucos.

Freud – despedi-me do casal que eu nunca mais voltaria a ver e regressei feliz da vida com os presentes recebidos: tratava-se de um folheto que contava a história do Salpêtrière da fundação até o dia em que Charcot assumiu a direção — era um presente banal dado a qualquer turista. A cópia da pintura que ganhei era da obra Navio dos loucos, Hieronymus Bosch, 1495, que eu já conhecia artisticamente e que Jerome nomeou como "santos diante de pecadores", e o livro de ficção era intitulado de *Alienista francês*, em que, pelo prefácio lido rapidamente, pude perceber que se tratava de uma releitura de como os loucos e indesejáveis da história francesa e da

DESEQUILÍBRIO

literatura foram separados das pessoas normais. Resolvi refletir sobre tudo aquilo e observar o Salpêtrière pela ficção e pela apresentação que os próprios franceses fizeram. Era necessário interpretar todo o contexto no qual eu estava antes de falar com o homem dos diários. Já fazia tempo que eu me decidi a ler o mundo, a arte, as construções, as roupas e as pessoas, do mesmo modo que eu lia as cartas de Martha, ou seja, primeiro com amor e depois com desconfiança, procurando rachaduras que me revelavam além do que era dito voluntariamente.

CAPÍTULO IX

A EPISTEMOLOGIA DA LOUCURA E O MAL-ESTAR NA CIVILIZAÇÃO

Freud – o ano em que passei no Salpêtrière marcou o que chamei de "alargamento da fechadura". Em Viena e na Alemanha, caminhávamos por um trajeto demarcado por "grandes homens", o que nos permitia aprender os rudimentos da medicina em geral e da anatomia do cérebro em específico, conhecimento que, em grande medida, possibilitou o meu avanço em direção à psicanálise, mas que, por outro lado, se eu ficasse restrito ao modo de pensar do tradicionalismo alemão — mecanicista, com toda a certeza — somente iria repetir o que outros já haviam feito. Eu nunca abandonei a base organicista de pensar e sempre busquei as relações entre os componentes do corpo para explicar — de modo empírico — o motivo de tal afecção, mas, ao me deparar com as portas fechadas aos mistérios da histeria e de sintomas como a afasia, a perda da visão e outros, resolvi que era preciso usar novas chaves.

Freud – ao longo de minha vida, sempre que a mente estava cansada e parecia definhar, naqueles momentos de desespero em relação ao futuro — porque, desde muito jovem, eu ficava trancado no meu quarto estudando, deixando o mundo passar sem eu ir com ele, alienando minha existência presente em nome do devir — a ideia da literatura e da arte me traziam de volta ao impulso criativo. A literatura é a maior de todas as experiências que o homem pode obter. Na vida real, nos contatos com os outros que nos cercam, dificilmente encontraremos uma diversidade de pessoas que nos proporcionarão um crescimento pessoal adequado como na ficção. Se formos em um país qualquer ou em uma cidade, por mais heterogênea que ela se revele, é possível categorizar todos os habitantes em quatro ou cinco grupos divergentes e os que tentam sair disso apenas reforçam a classificação. Na literatura, o mundo todo é desvelado e nossos maiores temores são expostos à luz do dia por meio das personagens que agem sem a repressão habitual e isso nos modifica. Lembro-me, a título de exemplo, de uma certa feita em que meu ciúme por Martha chegou ao extremo e, diferente de minhas análises mais ou menos objetivas que faço agora com os pacientes, eu havia adentrado em uma análise profunda e torturante, projetando sombras em minha relação e descontando nela a minha incapacidade; mandei-lhe uma carta pedindo que ela escolhesse entre eu e Max Mayer, obrigando-a se afastar da família — principalmente da mãe e do irmão —, porque eu acreditava (e tinha razões para isso) que a família dela rejeitava obstinadamente o enlace matrimonial com um descendente de judeu. Esgotado, fui até a minha coleção das obras de Shakespeare e, ao invés de pegar a *peça Sonhos de uma noite de Verão*, peguei *Contos de Inverno*, curiosamente era sobre o ciúme, sobre como o Rei Leontes (da Sicília), apesar de não merecer, possuía criados leais, um filho dedicado, amigos fiéis e uma esposa maravilhosa e que, na Cena II do Ato III, percebera que havia perdido tudo por ignorar a razão e seguir o impulso egoística e destrutivo: o filho morrera, o amigo e o criado o abandonaram e a esposa também fora dada como morta no início, sendo que a filha recém-nascida havia sido "despejada" no mundo. Projetei-me no lugar de Leontes e vi um arauto de Delfos me recriminando por minhas ações. A literatura era viva e aconselhava de modo objetivo, pois todo o leitor sai de si para se imaginar na história: o leitor se transforma no vilão, transforma-se no herói e sente cada ação; o leitor de *Tito Andrônico*, por mais violenta e amoral que a peça pareça, é levado a ter repulsa pelas ações de Tamora e seus filhos e do amante dela: Aarão (que estupraram, mentiram e mataram).

Freud – eu tinha a sensação — para além de meu ateísmo — que o espírito de Shakespeare me acompanhava, abrindo as portas que eu precisava, ampliando o buraco da fechadura, fechando outras questões em que eu havia ultrapassado os limites do possível e do exagero, ora por ser rigoroso demais com os outros e indolente para comigo, como a personagem Ângelo de *Medida por Medida*, ora por ser demasiadamente solícito, como Timão de *Timão de Atenas* e, em incentivo ao impulso criativo, eu pensava: Se Shakespeare conseguiu organizar 'Péricles' e 'Cimbelino', não tenho o direito de fazer menos e assim organizava minha vida em todos os sentidos, sabendo que organizar era apenas uma pausa transitória, uma assimilação, depois acomodação, equilibração e, finalmente, mais desequilíbrio para nos manter em movimento. O próprio ato de andar é desequilíbrio para frente

DESEQUILÍBRIO

e o ser equilibrado é, por definição, um ser estagnado em uma configuração limitante.

Freud – para Martha, sem nunca abandonar o ciúme, mas o mantendo dentro dos limites da convivência, escrevi: "O sentimento que eu tinha em relação a Max Mayer provinha de uma desconfiança de mim mesmo, não de você.". Eu nunca fui totalmente sincero para com ela sobre nossa relação. Ah, meu narcisismo me corroía por dentro, o medo de ser destruído e de demonstrar muito afeto, além do possível. Eu tinha receio de deixar emergir a paixão arrebatadora que me movia, sem ter certeza de ser correspondido e, diante disso, deixá-la perceber minha dependência e me ridicularizar. Não manifestava nada daquilo que sentia sem agregar um pouco de crítica e rudeza — quem sabe ela possa pegar uma parcela da minha insegurança para que entremos em enlace matrimonial em paridade de condições. Pedi a mão de Martha em casamento para a mãe dela e meu pedido nunca fui respondido. Decidi, desde então, que a primeira condição do casamento é o direito de afastar os parentes.

Freud – Martha aceitou o meu pedido e passei a analisar menos as cartas recebidas e enviar mais escritos acerca de nossos sonhos. Para Martha: "E quando você for minha querida esposa perante o mundo e usar meu nome, passaremos nossa vida em calma felicidade para nós próprios e em trabalho fervoroso para a humanidade, até que fechemos nossos olhos no eterno sono e deixemos aos nossos próximos uma lembrança com que todos se sentirão satisfeitos", mais uma vez, ela, pragmática como era e após superadas as tensões do noivado, respondia-me, Martha para Freud: "Montar um lar sem os meios para tal é uma maldição. Maldição que suportei por vários anos, de modo que posso dar minha opinião. Peço e imploro a você que não faça isso. Não deixe de levar em consideração minha advertência e espere calmamente até que você tenha definido um meio de vida". E então, eu parei de olhar para Viena, para a Alemanha e me centrei no Salpêtrière, alternando entre conversas com o professor Charcot, as palestras dele e sua ronda durante o dia com os pacientes. Conversei muito com o homem dos diários e mergulhei naquele mundo que era o hospital francês, nas esculturas, nos quadros e, quando precisava descansar, em minha busca apaixonada pelas respostas das questões científicas por meio do viés da literatura.

Freud – Charcot era um homem reservado em sua vida pessoal (se é que realmente tinha uma) e sempre estava rodeado de discípulos por onde quer que ele fosse. Lembro-me da primeira experiência que tive — após ele e o homem dos diários terem retornado da Itália — diante da sala de exposição do Salpêtrière em que nos foi apresentada uma mulher em uma cadeira de rodas, impossibilitada de andar e de falar. As conferências de Jean Martin Charcot não eram daquelas expositivas, em que um falava e os outros ouviam calmamente ou então, daquelas em que havia o tempo de exposição, tempo de perguntas e coisas assim: simplesmente estávamos em pé diante dele e dois de seus assistentes. Acompanhamos o exame da paciente e não havia qualquer resquício de fingimento ou coisa assim. Jean pediu que um dos rapazes ajudantes hipnotizasse a mulher, ela hipnotizada conseguiu se levantar, falar em inglês e em francês e, na sequência — quando saiu do estado hipnótico —, voltou a manifestar os mesmos sintomas iniciais. A primeira reação de um não iniciado e que acompanha o processo de indução é de que tudo isso era charlatanismo, mas, aos poucos, novos horizontes de pesquisas foram se revelando.

Freud – na ciência médica, no momento de caminhar por caminhos nunca traçados, a ideia de mística, magia, conhecimento duvidoso, tudo isso precisa ser analisado, inclusive — a título de um estudo que fiz depois de estar na França —, passei a investigar seriamente o que existia de científico na telepatia ou se isso era apenas uma fantasia da mente, pois, mesmo sendo fantasia, poderia revelar elementos do inconsciente. Voltando a Charcot, ele tinha alunos de todas as partes do mundo e alguns, como eu, nem falavam o francês de modo preciso, mas acompanhávamos suas exposições, pois tínhamos a liberdade de fazer qualquer tipo de pergunta, fato que no início eu achei interessante, mas após um ano mergulhado dentro daquelas paredes barrocas, eu não tinha mais a paciência para esperar ele se ocupar com respostas elementares para as perguntas bobas de novos estudantes que não paravam de chegar.

Freud – no tempo em que Charcot ficava sozinho em seu quarto, acho que ele provavelmente nunca dormia. Nunca lembro de ter passado sequer uma vez e ver que o ambiente em que o mestre jazia, estava escuro e isso nas mais variadas horas do dia ou da noite. Ou ele dormia sem se incomodar com a luz ou simplesmente não dormia. Eu procurava sinais no rosto dele que pudessem responder à minha tola curiosidade sobre seu descanso, mas sua expressão física parecia ser confeccionada para tudo esconder: os cabelos ralos eram penteados para trás e como que puxavam a pele sobressalente da testa, deixando, às vezes, um ou dois pequenos cânions de rugas; as sobrancelhas quase que se encontravam e eram espessas, acho que o "peso" delas

DESEQUILÍBRIO

fazia com que as pupilas ficassem encostadas na parte inferior das pálpebras e o conjunto era fechado com um nariz em formato de um taco de beisebol (largo embaixo e pontudo em cima), de modo que ele poderia fechar os olhos completamente sem mudar sua expressão — ele possuía olheiras naturais.

Freud – ainda sobre Charcot, não me parecia em absoluto que ele fosse um desses homens que se mostram mais encantados com aquilo que é raro do que com aquilo que é comum; e a tendência geral de sua mente leva-me a supor que ele não consegue descansar enquanto não descreve e classifica corretamente algum fenômeno que o interesse, mas dorme tranquilamente sem ter chegado à explicação fisiológica do fenômeno em questão. Em outras palavras, ele não devia dormir tanto, já que a maioria dos sintomas de seus pacientes não eram de natureza orgânica e, sim, ligados a traumas e outros acontecimentos. Diferente da causa orgânica — quando vemos o que está fraturado, qual parte rompeu, que infecção tomou conta e qual é a área afetada, inclusive, identificando o tempo de uma lesão, se ela será curada ou se foi prejudicada por outro acidente recente; quando falamos de sintomas que vieram de traumas psíquicos, temos de romper barreiras e mais barreiras: a primeira delas é a de ter os pacientes (coisa que o Salpêtrière, nas palavras de Charcot era "um museu patológico vivo") e, portanto, cheio de opções de estudo; a segunda condição é descartar a origem orgânica da doença, pois se a causa for orgânica e for diagnosticada pela linha da histeria, provavelmente o paciente terá seus sintomas agravados e o médico será preso e exposto ao descrédito; uma terceira condição é ter acesso aos acontecimentos da vida das pessoas e, na maioria das vezes, acontecimentos feios e por demais constrangedores; uma quarta condição é ser capaz de diferenciar o relato mentiroso do relato verdadeiro; uma quinta condição é tentar interpretar o material obtido com o auxílio de todo o contexto; uma sexta condição é fazer com que o paciente consiga se aproximar da interpretação e as condições vão surgindo à medida que a psicanálise é aplicada. Claro, quando eu ainda estava no Salpêtrière, nem metade dessas noções passavam pela minha cabeça.

Freud – esse "museu patológico vivo", apesar de todos os recursos que possuía em termos de campo de estudo, era estigmatizado pelas demais pessoas que formavam o grupo conhecido como "normais". O governo via ali uma espécie de depósito para colocar os indesejáveis e ser paciente do Salpêtrière era atestar a incapacidade de viver em sociedade. Poucos esperam que daquele espaço fechado e distante do mundo, viesse a surgir uma luz para iluminar os problemas de toda a civilização. O humano vê a si mesmo muito acima daquilo que é e provavelmente — desde a nossa capacidade de andar ereto e da predominância ilusória do homem sobre a mulher, por ser ele quem caçava e quem tinha uma vida de aventura — não consegue olhar adequadamente para as histéricas (achando que isso é uma característica da fragilidade feminina e revelando um machismo sem limites) e nem aceita o louco. O homem se reconhece quando se compara com quem está socialmente acima de sua condição; ele, sendo pobre, prefere achar que tem uma solidariedade com os ricos e nunca com os desvalidos e mendigos; prefere ver a loucura no outro e nem se permite imaginar que pode ser tão louco quanto. No fundo, quando vemos o desprezo, o escárnio e como uma pessoa louca é destruída, é estigmatizada pela sociedade, não deixamos de lembrar que temos um pouco daquilo em nós e odiamos a pessoa que revela esse nosso lado: odiamos o abusador, porque não sabemos até onde vai o nosso desejo imoral; odiamos o agressor, porque temos a mesma inclinação para agredir, odiamos aquele que furta ou rouba, porque sempre que vemos um objeto de valor — que nos toca —, queremos possuir; odiamos a pobreza, porque sabemos que tendo poucas posses, temos a mesma vontade de possuir mais e tememos que abusadores, ladrões, pobres, loucos — pessoas que sentem desejos similares com os nossos, mas que não controlam — possam destruir nossa sociedade assentada na repressão. Com certeza, você que está lendo já rejeitou algum desejo vergonhoso que teve e isso é ser sociável: tentar controlar os efeitos de Pandora em nós. Acho que preciso ler um pouco da história do Salpêtrière, do folheto que Jerome me deu contando como tudo foi construído.

Freud – o complexo do Salpêtrière foi projetado pelo arquiteto Louis Le Vau (1612-1670), um dos criadores do classicismo francês, que projetou também o Palácio Vaux Le Visconde e o Palácio de Versalhes. A construção foi feita no século XVII e tinha como principal propósito deter os pobres, mendigos, marginais e excluídos que pudessem se rebelar contra a miséria em que viviam e atacar a nobreza abastada — como viria a acontecer na Revolução Francesa de 1789. Durante algum tempo, serviu de prisão para prostitutas, homossexuais, doentes mentais, criminosos intratáveis, epilépticos e quaisquer outras pessoas que nasciam com alguma deficiência, ao ponto de não poder produzir nada útil para a coletividade. No período de Revolução Francesa — tido como um dentre os tantos símbolos do despotismo monárquico —, foi tomado pela multidão, que aplicou as leis no estilo jacobino: liberando prostitutas e prisioneiros inocentes e aniquilando aqueles que eram nocivos para o convívio. Desde então, o hospital passou

DESEQUILÍBRIO

a servir de abrigo da assistência pública, incrementando passo a passo as suas especialidades, mas a "ala dos loucos" ainda guardava os resquícios dos horrores ali vividos: seja por meio da arte retratada ou das histórias que mesclavam ficção e realidade e nutriam supostos horrores do Salpêtrière.

Freud – do folheto cópia de "Navio dos loucos", de Hieronymus Bosch (1495), que Jerome disse ser santos se alimentando, enquanto pecadores morrem afogados no mar, na verdade, tratava-se de uma embarcação à deriva, que se deixava ser levada pelas ondas e atracava em qualquer porto. Não havia nenhuma direção e ninguém se arrogava com a pergunta: "Eu não sou timoneiro?". Ninguém visava controlar nada, porque não tinham o controle sobre as próprias vidas. No mar, a mesma água usada para um homem nu se banhar também fornecia a bebida e o peixe (provavelmente, sem saberem o efeito do sal no próprio corpo — matariam a sede e morreriam de desidratação, com o organismo tentando expelir o excesso de sódio). Ah, dirão, "mas eles podem atracar em qualquer lugar e não serão incomodados!". É uma ilusão, uma vida errante, porque, conforme nos advertiu Platão em *A República*, "O excesso de liberdade também conduz a uma espécie de servidão": poder fazer tudo e não escolher nada (escolha pressupõe o conhecimento de atributos de valor, o que demandaria uma análise racional). No centro da pintura, destacam-se duas personagens religiosas e que tinham como objetivo comer um pão pendurado por um fio; o mastro do navio era uma árvore, com uma ave assada amarrada, no caule e a figura da morte — bem escondida entre belas folhas — na parte mais alta. O entorno parecia ser um nada crescente, tudo composto pela mesma combinação de cores — identificando que para os loucos, qualquer caminho é aprazível, já que não existe a ideia de hierarquia. Eles, os da nau dos loucos, são aqueles abandonados pela Igreja e podemos acrescentar, pelo Estado — instituições que só estão preocupadas em comer — sem olhar para quem precisa, sabendo que também caminharão para a morte, mas ao menos usufruirão de todas as possiblidades.

Freud – qual era a diferença entre os loucos e os normais? Qual é a relação do Salpêtrière com a Nau dos Loucos? Responderão que os loucos não pensam no futuro, que se entregam aos prazeres da carne, que comerão em excesso, que não olharão ao redor, nem para as necessidades do ser humano em geral, mas, então, expliquem-me, por favor: o rei Luís XIV — dito rei Sol e sua corte gigantesca de quase dez mil pessoas inúteis, não agia exatamente como aquilo que chamamos de loucos? O Luís XVI e a Madame Déficit (Marie Antoniete) não gastavam horrores em ostentação e obscenidades, enquanto o povo não tinha nem o brioche para comer? Não, antes da psicanálise, a fronteira entre louco e o normal não existia claramente. Hoje, eu afirmo, com toda a convicção, de que ser normal é ser normal na média, é ter capacidade de lidar consigo e com o outro em um nível que proporcione uma convivência no mínimo pacífica e, se a pessoa tiver muita sorte, com vários instantes de vida feliz.

Freud – o Salpêtrière não foi fundado para curar ninguém! Ele foi a plena manifestação do conteúdo reprimido dos nobres, que, não tendo o conhecimento para definir quem era normal e quem era louco, escolheram, arbitrariamente, imputar na pobreza e nas mulheres — dois símbolos de escárnio de maldição — foi a mulher Eva quem pecou no início da criação judaica; foi Pandora quem levou os vícios e pecados para a humanidade na cosmologia grega, e tantos outros exemplos — a marca da loucura manifesta. Melhor dizendo e usando Dostoiévski em "Bobók" para explicar o que era esses locais que abrigavam loucos, "Eles trancaram todos os seus imbecis em uma casa especial para se certificarem de que eram pessoas inteligentes. E de fato: ao trancar o outro em uma casa de louco, você ainda não está provando sua própria inteligência". A loucura era uma questão de poder, como tudo o que existia naquela sociedade.

Freud – as pedras irregulares que marcam a entrada central do Salpêtrière e que são organizadas tinham por objetivo "cobrir a lama" e impedir que os pés das pessoas ficassem sujos — a analogia é perfeita para a repressão: chamamos de "lama", de "sujeira" todos aqueles instintos loucos, que deviam ficar reprimidos, mas que saíam à luz. As pedras são também como nossas roupas, nossos trajes e nossa persona social, ou seja, enfeites falsos que tentam esconder o ser horrível que somos, apresentando ao mundo uma personagem civilizada; contida pelas grades incorporadas ao corpo e que se depara com humanos que também estão (como o macaco de *Um relatório para a Academia,* de Kafka) usando as grades para sair do mundo animal, deixar a coluna ereta e bradar gritos que o colocam como sendo ser racional.

Freud – seguindo a análise: o centro do Salpêtrière, a torre principal é destacada excessivamente em relação as demais partes da construção; em analogia: parece com o ser humano que possui milhares de defeitos, mas que, desesperadamente, escolhe a sua "melhor parte" e tenta esconder as demais, por exemplo: se é uma pessoa hábil em esporte e exercícios físicos, procurará, em cada oportunidade, evidenciar sua potência física e evitará (se for alguém limitado intelectualmente) de participar de qualquer questão que

DESEQUILÍBRIO

exija um raciocínio abstrato. Exemplo oposto: a pessoa que é excessivamente inteligente, mas de uma constituição estética considerada abaixo do padrão fará o mesmo: conversará sobre assuntos complexos, procurará mostrar como seu cérebro genial funciona, visando atenuar o nada de beleza que ela possui. É por isso que, inconscientemente, tendemos a nos aproximar de quem possui gostos iguais e está suscetível de apreciar aquilo que é melhor em nós. A cada conversa, a cada novo encontro, estaremos nos esforçando para conduzir a vida de todos para o território em que nossa potência de agir chega ao máximo.

Freud – pararei, novamente, na parte interna do Salpêtrière, não comentando sobre ela, para continuar a análise do ambiente externo; vejamos as janelas — são muitas, sendo transparentes e a divisão entre um andar e outro é marcada por colunas firmes que sustentam o edifício e deixam tudo estável; aqui, até um leigo teria a analogia da repressão: janelas transparentes indicam que os nossos instintos são visíveis e, quando não fechados pelo consciente (que é representado pela coluna que mantém tudo no lugar), faz o edifício (nós) desabar. A abertura da janela, que revela um pouco do interior do hospital, pode ser comparada com um excesso de alguma paixão, como aqueles instantes em que perdemos o controle, e nossa parte animal quase volta a aparecer. Por fim, para não me estender mais nessa análise da entrada do Salpêtrière, falarei da cobertura: é projetada com figuras geométricas variadas, ora torres redondas com as faces sulcadas e arestas vincadas, ora cobertura em formato de trapézio, de retângulos e quadrados, variando também com figuras de triângulos. A cobertura é como nossa última parte e dá a impressão de que não foi concluída, que está desorganizada. É como nossa organização consciente de "eu": muitos modelos do que queremos ser se apresentam; recebemos influências de várias pessoas e coisas e guardamos essas sobre nós até que, no percurso de nossa existência, escolhemos um ou outro formato. Ou seja, o ser humano — como a cobertura do Salpêtrière — apresenta uma estrutura aparentemente sólida, mas com a possiblidade de mudanças infinitas. A outra questão é a perspectiva de quem olha: um verá o relógio em destaque, outro amará o trapézio central, que pode ser odiado por um terceiro, não percebido por um quarto, visto de modo orgânico por um quinto e segmentado por um sexto para, no fim, revelar na análise o que nós somos de fato: dependendo de quem nos vê e do que esperam de nós, irão atribuir valor ao modo que vivemos. Nós nunca seremos vistos tal como somos, de fato. O conjunto de toda a entrada, evidentemente, presta o papel de proteger a vista do ambiente interior. O Salpêtrière é o mosaico do que o humano é, do que o humano esconde e de como o humano é visto: é o símbolo projetado por meio de uma construção artificial para que, quem sabe, esqueçam de olhar para os monarcas/presidentes déspotas e seja contemplando a beleza arquitetônica que causa orgulho ou a crueldade do espaço em que a opressão é praticada, olharão para esse mundo chamado Salpêtrière e esquecerão de todo o resto, ao menos por um tempo.

CAPÍTULO X

CHARCOT E FREUD: MEMÓRIAS DISTORCIDAS DE UMA ANÁLISE INTERMINÁVEL

Freud – meu professor! Agradeço imensamente por toda a atenção que me dedicou neste período em que passamos juntos e creio que em breve terminarei a tradução das conferências para o alemão (Charcot havia autorizado Freud a traduzir as conferências ministradas no Salpêtrière). Eu queria contar com o senhor para que pudéssemos fazer uma publicação conjunta da análise do homem dos diários que, segundo fui informado, deixará o hospital em breve, pois ganhara uma bolsa para estudar literatura em Turim.

Charcot – certo, certo! É possível, sim, é possível! Tenho registrado toda a anamnese dele, desde quando era bebê até agora, além dos registros obtidos no período em que visitamos a família Gramsci na Itália.

Freud – eu fiz anotações também desse ano em que acompanhando-o e li os diários que ele guardara consigo, descrevendo a própria história, mas não cheguei a discutir os textos com ele.

Charcot – excelente! Façamos assim: depois do expediente médico você deverá catalogar e resumir o enredo dos diários e eu apresentarei um resumo da vida de Gramsci no Salpêtrière e do que eu observei na Itália. Depois disso, é com você. Não poderei te ajudar a sistematizar todo esse caso, porque tenho inúmeros outros e um número grande de subordinados sobre minha responsabilidade.

Freud – mas professor, esse é o maior caso de todos! É a oportunidade de nos projetar para além dessa névoa de desconfiança que paira sobre a psicanálise!

Charcot – Gramsci vale mais do que uma outra vida? Terá algo de especial que ultrapassa o humano, de modo que eu deixe os demais pacientes perecer em nome disso? Aliás, se bem me lembro, desde quando o senhor chegou aqui, Freud, Gramsci estava se preparando para ter alta médica e só não foi ainda para casa, devido a uma decisão dele e da própria família. Vi — meu querido Sigmund — a sua análise sobre o Salpêtrière e achei mais ou menos pertinente, entendendo que se tratava de uma análise da parte externa, daquilo que é visto. Pergunto-me se o senhor — analista que procura ver por trás das convenções humana — conseguiu ver o que é hoje o Salpêtrière? Já visitou outras alas de outras especialidades que não a neurologia? Já viu o setor de traumas? De doenças respiratórias? Já foi até a pediatria? E no setor que trata das doenças da visão? A neurologia é o centro convergente desse lugar — sem dúvida —, pois quando os exames especializados não dão conta de diagnosticar as afecções apenas por meio de uma análise dos locais em que os sintomas são manifestos, é na neurologia que tais respostas são buscadas, mas ela não é tudo o que existe.

Freud – o que eu deveria ver, nobre mestre?

Charcot – Freud, Freud! Acho, meu jovem — se me permite chamá-lo assim — que você está com a visão tão focada nas profundezas da mente e esquece o que existe em seu redor. Vou te contar um segredo — se prometer que não vai ficar zangado — e uma história de um paciente que mudou profundamente minha vida de médico.

Freud – autocontrole mestre, tenho autocontrole! Desde quando comecei a entender o que hoje chamamos de psicanálise, eu deixo no mínimo meia hora por dia para refletir sobre o que tenho feito e anotar possíveis indícios de sintomas, que poderiam comprometer minha vida social.

Charcot – excelente! Excelente! Recebi uma carta de sua noiva Martha e ela, toda polida e temerosa, pensando em seu bem-estar — perguntou como estava indo seu Sigmund aqui na França. Se estava aprendendo a conviver e ainda me explicou: "Ele tem um coração imenso, mas parece viver sozinho em seu mundo, não cumprimenta as visitas, não sai para ver o sol e fica como que hipnotizado — isso, hipnotizado — acho que de tanto hipnotizar ele ficou hipnotizado com o próprio trabalho.". Respondi para ela sobre o seu excelente desempenho e sobre seu esforço descomunal em tudo o que faz, mas cuidado e lembre-se do conselho de Biron de "Trabalhos de Amor perdidos de Shakespeare": "Os livros eles são, os fundamentos, a Academia de onde nasce o fogo vivo de Prometeu. Trabalhar muito corrompe nas artérias os espíritos sutis, tal como andar sem ter parada cansa o vigor dos viajantes...", lembre-se Sigmund. Temos pessoas reais vivendo entre nós também.

Freud – lembrarei, mestre, ótimo conselho (pensando em voz baixa: eu trabalho demais? Ah, professor, ao menos eu durmo durante a noite, parece mesmo que somos especialistas nas vidas dos outros e ignorantes das próprias). Professor, o que o senhor iria me contar do Salpêtrière e do caso que mudou o senhor?

Charcot – primeiro, que os folhetos sobre o hospital até possuem utilidade para informar quem projetou o complexo, porque foi projetado, o estilo arquitetônico e outras coisas, além das fotos que foram muito bem tiradas. Aliás. Acho que os fotógrafos são melhores do que os repórteres, muito melhores! Os fotógrafos cuidam da iluminação, do ângulo, do tipo de lente usada, da combinação de elementos e fazem um trabalho realmente artístico e que revela e muito do Salpêtrière. Quando fotos daqui se transformam em cartão-postal, ilustração de calendário, é o nosso hospital real que é visto por pessoas do mundo inteiro e o fotógrafo — o artista por trás do trabalho —, ele desaparece por meio de seu nome, escrito em letras pequenas em notas de rodapé. O fotógrafo é como o apóstolo João Batista no deserto, quando fica sabendo que Jesus estava ganhando fama e, ao invés de ficar furioso, responde calmamente: "Importa que eu diminua para que Ele cresça!", e, assim, Ele, o nosso Salpêtrière, cresce pelas lentes dos fotógrafos. Os repórteres, ao contrário, precisam aparecer e deixar algo de si. Pedem para visitar, olham uma ou outra coisa insignificante, procuram traços de possíveis maus-tratos, de negligência médica ou problemas sanitários e difundem as nossas falhas como se fossem uma epidemia. Os repórteres não virão no horário noturno (quando eu me deito de roupas e com a luz acesa, sempre pronto para levantar-me rapidamente diante de uma emergência), eles não dão notícia quando descobrimos algo, quando revelamos um aspecto incômodo da existência e preferem o sensacionalismo barato, vendendo a ideia de que o ser humano é feito de sonhos e de que basta querer para que o sucesso seja alcançado. Se fracassar, a culpa será exclusivamente sua. Do que estávamos falando mesmo?

Freud – acho que da facilidade como nós nos perdemos em nossos assuntos e puxamos uma linha periférica, como se ela fosse o fio central. Do Salpêtrière mestre, do seu paciente que mudou sua forma de ser médico.

Charcot – e você acha que estamos conversando? Que temos tempo para conversar?

Freud – com certeza não, nem tenho essa pretensão de conversar com o senhor, sabendo de suas ocupações! Mas, mestre, explique o que estamos fazendo, pois quando eu registrar isso, algum tolo ficará perdido e não entenderá.

Charcot – ora, ora! Então, o apressado Freud agora já quer explicar as coisas para que os tolos entendam? Vai ter mais paciência com os novos residentes também? Acho que vou te contratar para supervisionar os novatos!

Freud – seria uma honra tal posição! — Pensando consigo mesmo: grande honra, morrer repetindo o que outros disseram; envelhecer e ficar frustrado enquanto jovens e, portanto, idiotas, chegam com excesso de energia sexual e que confundem com potência para fazer e acontecer, até que o fracasso inexorável mostre o que existe na realidade.

Charcot – não estamos conversando, porque a conversa exige que as partes que dialogam, tenham um objetivo em mente ou, ainda que vagamente, que analisem o campo semântico do outro e pensem se vão falar sério, se vão dizer besteiras e divagar sobre alguns assuntos, mas sempre com uma divagação limitada por um filtro específico, por exemplo, em uma conversa a esmo com a namorada — pessoa que supostamente devíamos ter muita intimidade — e que, mesmo assim, ainda não poderemos nos abrir totalmente e dizer: "Olha, você tem uma bunda bonita, mas a da fulana é simplesmente perfeita! Ela clama por um toque e acho que deve ter um imã por baixo da roupa, primeiro, porque tudo aquilo não pode ser somente a bunda dela e, segundo, porque atrai todos os olhares!", ou seja, dei um exemplo menos explícito para mostrar que na conversa, por mais desinteressada que seja, há um controle. Eu e você, Sigmund, deixamos a lógica de lado e falamos aquilo que vem à cabeça, sem julgamento de valor. Se não fosse assim, provavelmente teríamos de perder mais tempo — que você sabe que não temos — para interpretar a subjetividade do outro e que poderia já ter sido manifesta.

Freud – certamente, professor! — Pensando consigo: falar que ele também exagera no trabalho? Que é um louco pela profissão e quase pior do que eu? Que não quero nem saber de supervisionar jovens idiotas? Melhor não! Melhor reter a subjetividade e fazer como os analistas sempre fazem: pedir tudo do outro, sem filtro nenhum e sem juízo de valor (o que é a mais perfeita mentira, pois o fato de o analista não verbalizar a opinião que ele tem diante da oitiva de um absurdo de seu cliente, não quer dizer que ele não atribua valor a isso), ou seja, pode ficar horrorizado ou rir muito por

DESEQUILÍBRIO

aquilo que acabou de ouvir e, mesmo assim, reprimir as impressões e manter a cara de paisagem (isso quando o cliente consegue ver o analista); na maioria das vezes, o analista não querendo ser analisado pelo cliente, posiciona-se atrás do divã e evita que suas reações involuntárias do corpo afetem a boa vontade de quem está sendo analisado.

Charcot – acho que agora tentarei conversar um pouco: o Gramsci não foi o primeiro "paciente dos diários" que eu recebi aqui no hospital. O primeiro foi Daniel Paul Schreber, que, após muitos tratamentos fracassados, principalmente no hospital do Dr. Flechsig, viera de modo oculto para o Salpêtrière, de forma que quase ninguém sabe que o famoso juiz esteve internado aqui. Era um homem que foi submetido a uma educação paterna centralizadora e que impedia qualquer fuga do sistema hegemônico idealizado pelo pai (tanto que um dos irmãos de Daniel se suicidaria mais tarde). A pressão sobre ele (no sentido das realizações que ele deveria ter na vida, o sucesso e o renome) era imensa e Schreber tenta uma carreira política, como deputado obtém poucos votos e acaba por cair doente (sofrendo de alucinações, que cessariam em um breve período de tempo). No campo profissional, tornou-se juiz e foi galgando posições até chegar ao cargo de presidente da Corte de Apelação de Dresden (o máximo da carreira que um jurista poderia sonhar); na vida pessoal o fracasso se devia a inúmeros abortos da mulher de Paul. A promoção à presidente da Corte de Apelação (chefiar pessoas cultas, experientes e inteligentes) acabou por sobrecarregá-lo, de modo que sonhava estar doente e buscava achar um meio para escapar de tamanha tensão; caiu enfermo e, dessa vez, passaria mais de nove anos internado em um sanatório e sofreria as piores alucinações.

Charcot – Daniel trouxe um caderno em que escrevia as suas memórias — acho que ainda tenho uma cópia aqui comigo (abre a porta de seu dormitório, que pela vez é visto por Freud, e parecia estar muito bagunçado, livros abertos espalhados em toda parte, anotações várias e sem nenhuma forma de ventilação no ambiente), pega o livro (tratava de uma versão que fora publicada por Schreber quando saíra do Salpêtrière, mas que já era conhecida muito antes por Charcot, quando eram meros rascunhos) e, aqui, Freud, estão informações preciosas, que nunca viríamos a conhecer com nossa mente racional.

Charcot – preste a atenção nisso que está escrito — eu grifei as melhores partes para refletir sobre e usei como analogia para meu trabalho. Daniel Paul Schreber: "A alma humana está contida nos nervos do corpo... Talvez, não se possa exigir do diretor de uma grande instituição, na qual se encontram centenas de pacientes, que ele penetre tão profunda e detalhadamente na conformação mental de um único entre eles...", não tem como ser mais materialista do que isso. Que o que chamamos de alma é algo contido no nosso cérebro e nas terminações; depois, a ideia que esses pobres coitados devem ter de nós, pois passávamos rapidamente por eles, perguntamos aquilo que nos interessa e seguimos sem deixar que falem nada conosco. Por isso, Freud, é que aprecio tanto a vinda de residentes com ânimo para ouvir os pacientes, para dar a atenção devida. Mais um trecho: "Não estava em condições de me ocupar com nada; não via ninguém, nem mesmo da minha família. Os dias passavam, infinitamente tristes; meu espírito quase só ocupava de pensamentos de morte... Acreditei estar apodrecendo vivo e o odor da podridão emanava de minha boca de modo mais repugnante... Posso fazer pegar fogo em uma casa sob a janela do meu quarto, isso naturalmente, na minha representação... Desde há quase sete anos, não tive nunca — exceto durante o sono — sequer um instante em que não tenha ouvido vozes... Tem a sensação de que já penetraram em massa no seu corpo 'nervos femininos', a partir dos quais nascerão novos homens, por fecundação direta de Deus...". Imaginamos o horror que é viver assim. Seria insuportável para qualquer um de nós. Mas, Freud, já são três e meia da manhã de sexta-feira, é hora de dormir, porque às seis eu preciso levantar-se, tomar meu café e começar o dia às sete.

Freud – boa noite, professor! Se importa de eu levar esse livro do Schreber?

Charcot – pode ficar para você, sei de memória cada trecho desse escrito. Boa noite, até amanhã.

Freud – (Pensando consigo: então, ele também dorme e precisa de descanso? Não, não é nenhum sobre-humano). Lembrando: "Posso fazer pegar fogo numa casa sob a janela do meu quarto! Na minha imaginação". Que estranha sensação essa de se reconhecer no louco; logo eu, que vinguei dos arruaceiros antissemitas naquele domingo chuvoso, que superei meu pai em pensamento. Acho que vou ler o restante desse livro-diário e anotarei os trechos grifados por Charcot: "Me puseram repetidas vezes na cabeça 'escorpiões', figuras minúsculas que tinham o aspecto de aranhas ou caranguejos e que deveriam realizar em minha cabeça algum tipo de trabalho destrutivo. Eles tinham o caráter de almas, sendo, portanto, seres falantes; conforme o lugar de onde provinham, distinguiam-se escorpiões

DESEQUILÍBRIO

'arianos' e escorpiões 'católicos'; os primeiros eram um pouco maiores e mais fortes. Mas esses escorpiões acabavam regularmente por se retirar de minha cabeça, sem me causar dano, quando se apercebiam da pureza de meus nervos e da santidade de meus sentimentos... Tenho sensações acústicas e luminosas que são projetadas em meu sistema nervoso interno diretamente pelos raios e para recebê-las, não há necessidade dos órgãos externos da visão e da audição... Provavelmente, nenhum homem além de mim sabe, e a ciência também ignora, que o homem traz consigo, na sua cabeça, de certo modo como quadros, todas as recordações que ainda estão em sua memória, graças às impressões que ficam nos nervos. No meu caso, em que a iluminação do sistema nervoso interno é dada pelos raios, esses quadros são suscetíveis de uma verdadeira reprodução, o que justamente vem a ser a essência do desenhar..." — Freud leu o livro todo madrugada adentro, cochilou um pouco menos de uma hora e começou a escrever a análise do caso, por meio da literatura.

Freud – vamos analisar o caso do juiz: a base da moléstia de Schreber foi a irrupção de um impulso homossexual. A luta do paciente com Flechsig revelou-se a ele como um conflito com Deus, temos, portanto, de explicá-la como um conflito infantil com o pai que amava; os pormenores desse conflito (do qual nada sabemos) foram o que determinou o conteúdo de seus delírios. O Dr. Schreber pode ter formado uma fantasia de que, se fosse mulher, trataria o assunto de ter filhos com mais sucesso; e pode ter, assim, retornado à atitude feminina em relação ao pai que apresentaria nos primeiros anos de sua infância. A ideia dos escorpiões indicava que outras pessoas queriam moldar a cabeça dele, com influência ora religiosa (quando, provavelmente, alguém o ensinava a respeitar os outros, a amar o próximo etc.) e os outros — chamados escorpiões arianos — provavelmente vieram do pai: da vontade de agir sem se limitar, de superar todos, de mostrar que é o melhor e, para isso, muitas vezes, recorrer ao poder e à dominação. Ao chegar no nível máximo da carreira e sem a possibilidade de desenvolver mais o Eros na profissão, olha para o ambiente doméstico e vê o fracasso em ter filhos. Ele, acostumado a ser quase perfeito, não admite que a culpa por não ter descendente seja sua, imaginando a responsabilidade da mulher e passa a ver em si mesmo, nervos femininos, ou seja, uma representação alucinatória da pergunta: "E se eu pudesse gerar filhos sem depender dessa esposa incapaz?", o restante da interpretação parece seguir o comentário introdutório de Charcot. Daniel, segundo o livro, consegue vencer o processo judicial que o tornaria absolutamente capaz novamente, mas ele nunca deixaria de ouvir vozes internas. Mal vi passar aquele dia tumultuado e já estava ansioso para continuar a conversa com Charcot.

Freud – boa noite, mestre, com licença (entrando no quarto de Charcot), podemos continuar nosso assunto da madrugada de hoje? Queria que olhasse a análise literária que fiz (entregando os trechos da interpretação da neurose de Daniel Paul Schreber).

Charcot – (lendo). Sim, em parte é isso mesmo. Ah, você também grifou esse trecho da capacidade de colocar fogo nas coisas pela imaginação! Excelente! Sabe que eu, por vezes, imagino-me operando "milagres" nas doenças sem explicação; reconstruindo o humano, curando com o toque e dando alívio aos necessitados. Schreber me mudou não por causa da capacidade de eu descobrir (como você também o fez) as causas de sua doença, que podem ser simplificadas em uma repressão muito forte e idealização de desenvolvimento do humano, que foi internalizada e — por sorte e diligência nos estudos e no trabalho — levaram o paciente até o máximo do desenvolvimento; ele não estava acostumado com o fracasso e nem com ficar estagnando, sendo que ambas as coisas vieram de uma vez e ele surtou: ausência de um filho e chegar ao máximo da profissão — a ideia de que toda a conquista desencadeia um fracasso.

Freud – e o que fez o senhor mudar?

Charcot – acho que com seu olhar penetrante, já deve saber a resposta, porque também já foi mudado de ontem para hoje. Pense um pouco: na nossa profissão, muito mais além do que na clínica geral ou nas especialidades que envolvem exclusivamente as afecções orgânicas, é preciso que o nosso paciente confie em nós. É necessário construir uma imagem sólida, de respeito para que nossas palavras tenham êxito, ainda mais em um tratamento tão longo e constrangedor.

Freud – certamente! Entendi o que quis dizer! É desesperador imaginar isso, desesperador!

Charcot – sim, o que chama a atenção nesse caso não é afecção, é a posição do homem afetado. Ele, como nós, passou a vida estudando, avançando como ser humano civilizado, sem olhar para a esquerda ou para a direita e com os objetivos claramente traçados: chegar ao judiciário e dali alcançar o posto mais alto. Negligenciou a esposa, deixou de lado as amizades (tanto que o respeitavam apenas em função do cargo que ocupava) e — de uma hora para outra — a mente que mais cuidou da parte consciente cai enferma e despenca da cadeia social, para abaixo da linha da respeitabilidade.

DESEQUILÍBRIO

Freud – também senti o mesmo medo, professor, mas como conciliar tudo nesta vida? Eu estou te entendendo. E a pior parte de todas é voltar para a lucidez, recuperar o posto que tinha e, depois, diante de qualquer contrariedade com outras pessoas, ser marcado com o signo da loucura, ser desacreditado perante tolos e que justificarão suas ideias deficientes, atacando uma situação temporária de loucura; hostilizando o antigo neurótico ao invés de agirem objetivamente para com ele, ou seja, ao invés de usarem a razão para deliberar o certo e o errado e não o julgar o outro *a priori*.

Charcot – justamente, Freud, é ali que eu fui mudado por Schreber e sempre trago comigo a frase de Platão em *As Leis*, pela fala do ateniense: "É nossa maneira de tratar as criaturas humanas com as quais é fácil agir mal, que revela com maior clareza se somos sinceros ou hipócritas em nossa reverência pela justiça e repulsa pela injustiça.". É quando vemos no louco, no desvalido não o louco e o desvalido, mas, sim, um humano — que pelo descuido ou pela Fortuna — caiu abaixo da linha da sociedade e que teremos de fazer de tudo para que seja reinserido da melhor forma possível.

Freud – sim, mestre! Tenho preparado vários trabalhos no sentido de suas observações; no fato de que todos nós carregamos a marca de Pandora, a Tragédia Grega em nosso interior e que nossa vontade —, se é que podemos assim chamar as deliberações práticas que fazemos, sendo a consciência um apêndice de um todo familiar e desconhecido ao mesmo tempo: familiar, porque está em nós e desconhecido porque nos escapa — é pífia diante do mundo. O nosso Ego serve a três senhores tirânicos: o mundo externo, o Superego e o Id (paixões indomadas que, às vezes, como com Schreber, faz nossa consciência afundar). Não somos seres de luz como essas pessoas "iluminadas" imaginam, mas poderiam, pelo menos, entender que muito do que sofremos, seria evitado se a sociedade compreendesse o que é o ser humano e suas fontes de tristeza, eliminando, em parte, aquele desabrigo que vem do mundo externo. O nosso atual sentimento do eu é apenas um resíduo minguado de um sentimento de grande abrangência e a felicidade, nossa bela felicidade, um fenômeno episódico.

Charcot – Ah, Freud! Você entendeu de novo. Eu sempre me perguntei se eu estava curando os loucos, se eles saiam bons por minha causa ou se eu descobria — por meio deles — que a cura é o mais perfeito desequilíbrio do cérebro; que a cura não é ser equilibrado, é passar por estágios que permitem olhar um pouco o trajeto, mas que se pararmos, se ficarmos escamoteando sobre o lugar que estamos equilibrados, ficaremos e desacordo com o resto do mundo e desaparecemos na transitoriedade que pretendemos eternizar.

Freud – exatamente. Se nos iludirmos com nossa situação no mundo, tenderemos para a loucura e, meu nobre mestre, nossa tarefa é trazer os demônios para a luz, mostrar que temos eles dentro de nós e tentar fazer com que a civilização se equilibre entre civilizar e deixar fluir o ser.

Charcot – parece que cada vez que usamos as palavras "equilíbrio" e "desequilíbrio", trocamos o sentido desses termos — que deveriam ser antagônicos.

Freud – são antagônicos pela perspectiva da mente racional e funcionariam em oposição se pudéssemos isolar todos os fatores que formam o humano, em categorias estanques, mas tudo é movimento; tudo é cíclico e da mesma forma que a lembrança é parte do esquecimento, o equilíbrio é uma parte essencial do desequilíbrio e vice-versa. O equilíbrio como instante em que contemplamos tudo o que temos, o desequilíbrio como angústia por perceber uma situação ainda não controlada, não aceita e na sequência, o ciclo continua. As patologias da mente — pintadas como se fossem provenientes de espíritos das trevas — fornecem um feixe de luz que permite ao homem ver o interior e melhor conhecer a si mesmo.

Charcot – já está tarde novamente meu caro Freud! Acho que conversamos bastante sobre o juiz já.

Freud – mas, professor, e o caso do "homem dos diários", vamos publicar ou não?

Charcot – acho — depois de hoje — que você dará conta disso sozinho. Aqui, estão as anotações do caso dele (entrega um caderno para Freud). Preciso descansar agora. Boa noite.

Freud – boa noite, professor! — Sai do quarto de Charcot e se dirige até os próprios aposentos. Mais anotações, preciso resumir o que está escrito aqui: "O paciente Antoine Gramsci chegou ao Salpêtrière com dois anos de idade, após sofrer um acidente que deformou sua coluna, vindo da Itália. É filho de Francesco Gramsci e de Giuseppina Marcias; no Salpêtrière ele aprendeu a ler e escrever — hábito que desenvolveu durante toda a vida. Segundo o próprio Charcot, ele lera toda a História italiana do Resurgimento, Maquiavel, romances policiais, Guicciardini, Benedetto Croce, a literatura clássica — em especial, as obras de Shakespeare, Dante, Homero e Hesíodo — e lera, mais recentemente, a obra de Franz Kafka. Gramsci era fascinado por Shakespeare e Kafka, principalmente pelo último, que compartilhava uma biografia semelhante à sua: sofria de doenças, usava o diário para anotar as leituras (com a diferença que Kafka escrevia no período da noite). Kafka

DESEQUILÍBRIO

tinha dificuldades em se relacionar com o pai, coisa que Gramsci também possuía, pois soubera — por meio de uma carta enviada pela mãe — que Francesco Gramsci fora preso pela polícia nacional da Itália — destruindo o mito do pai herói, o que muito o impactou, pois sonhava em ter momentos gloriosos ao lado do genitor. Outra notícia que o abalou, fora justamente quando o irmão Carlo enviou o jornal sobre a política italiana, afirmando que um tal de Mussolini estava intentando promover uma ditadura no país —, daí a vontade de voltar para a casa e mudar os rumos da Itália por meio da democracia. Gramsci lera também muito acerca de Karl Marx e aos poucos se aprofundava na teoria da revolução socialista, ainda mais após o contato recente com três exilados russos —, dois deles haviam voltado ao país de origem para promover uma revolução: o casal Vladimir Lianovitch e Nadejda Krupskaia e a terceira: Giulia Schucht, uma violinista que conquistou o coração do paciente e que, pelo que tudo indica, encontrar-se-ão em Turim após a alta médica dele".

Freud – alguma coisa está errada e não acho que o erro esteja nas anotações de Charcot. Eu analisei os diários de Antoine que disse ter sofrido um acidente grave, ter visto o pai ser ferido pela polícia, justamente por Mussolini, e esse pai nunca prestava a atenção nele; disse ter um cachorro chamado K. que fora assassinado, que a família o via como inválido — parte das informações batem e outras não. Vou pedir para ele me deixar ler as cartas recebidas e os diários novamente — e, quando o dia amanhecer, conversar para refazer a minha análise que pensei estar terminada. Ainda bem que Charcot não viu o que escrevi sobre o "homem dos diários", teria sido uma perda tempo para ele, já que minhas informações não se coadunam com a vida do paciente. Amanhã, a primeira coisa que farei (antes de ver Antoine Gramsci) é comparar a anamnese que Charcot fez, com as substituições que anotei dos diários, assim poderei ganhar tempo e voltar para casar-se com Martha o mais rápido possível.

CAPÍTULO XI

KAFKIANDO EM BORGES: ENTRE ESPELHOS E LABIRINTOS DE UMA MENTE ANALISADA

Lembro-me de quando acordei em um hospital! Parecia com um hospital, ao menos, não que eu pudesse ter visto algo de fato, mas percebia movimentos de seres que iam de um lado a outro, com a coordenação rápida e precisa daqueles homens e mulheres que trabalham nos hospitais. Tentei usar minha memória para lembrar um pouco da minha situação no mundo e lembrei que estava na Argentina, junto de minha mãe, Leonor Acevedo Borges, e de meu pai, Jorge Guilhermo Borges. Papai sofria de uma doença visual degenerativa e que era transmitida geneticamente e, junto com a paixão pela escrita e leitura, deixou-me também a cegueira progressiva, avançando aos poucos, até que todas as cores desapareceram, com exceção da cor amarela, a última a me abandonar.

Eu imaginava a cegueira perfeita e a escuridão total teria sido suportável, apesar da ironia divina de me deixar em uma biblioteca e sem a possibilidade de ler meus livros. Leonor escrevia o que eu ditava e lia — pacientemente —, o que eu precisava ler. Ah, quase esqueço de dizer que estou contando as lembranças de quando acordei em um hospital. Eu não consigo enxergar mais nada praticamente e nem revisar aquilo que dito para os outros, por isso, os meus relatos se perdem no tempo e na forma e é melhor que seja assim mesmo.

Papai nos levara para a Suíça para que nós pudéssemos cuidar de nossa saúde, bem quando estourou esse vírus humano que chamam de guerra e fomos envolvidos por disputas de nações imperialistas, de homens nacionalistas, cujos interesses nem imaginávamos. A Suíça era o epicentro do conflito sem ter quase nada a ver com isso, pois todas as suas fronteiras estavam cercadas por países e impérios em guerra. Nós precisávamos ir para a Espanha, por ser um país que falava a língua de meus pais e que estaria mais distante das disputas do continente. No caminho para a Península Ibérica, ficamos retidos na França (país que entrava em todos os conflitos possíveis) e lembro-me de um mal-estar súbito que tive, como se fosse a sensação de morte, um desmaio, e fui enviado para o suposto hospital, que depois soube que se tratava do Salpêtrière.

Nesse estado de acordar após o desmaio e sabendo de minha degeneração visual, meu primeiro impulso foi tentar reaver a memória, repassar os textos de Dante, de Cervantes, de Shakespeare e fazer uma revisão naquilo que eu ainda possuía. Quando sabemos que vamos perder a visão, o desespero por ler mais, por escrever mais é algo que nos faz ser mais seletivos em relação ao mundo e aos autores que lemos, daí eu sempre ter receio de ler algum autor novato, de arriscar a perder minutos preciosos de minha limitada visão, arriscando não ter nada a acrescentar a meu repertório. O outro medo é perder esse repertório conquistado e não conseguir mais lembrar do mundo e de como ele era, lembrar dos autores e do que falaram. A solidão de um cego olhando para si, se não ver outras pessoas incríveis guardadas em seu casulo neuronal, "espíritos literários" que o ajudam a ver o mundo pelas ideias, perderá, com toda a certeza, qualquer vínculo com este mundo. Eu não confio nas pessoas de hoje ainda, pois nem tive tempo de julgá-las. Eu confio em Shakespeare, em Dante e em Cervantes — o meu Cervantes, aliás, falava e escrevia em inglês e era isso o que eu pensava enquanto estava acordando naquele hospital, na perda daquilo que eu tinha e que era parte de mim.

Passado esse transe perceptivo e com uma parcela de minha visão ainda me permitindo a contemplação do mundo, abri os olhos e proferi como se fosse um rompimento com meu espírito perturbado por autores lidos. Afastei-me da literatura lida (após relembrar de tudo) e, como um proprietário que confere suas posses adquiridas e constatando que todas estavam com ele, sai em busca de outras, assim eu o fiz. Eu deveria ver o *quantum* do mundo que me restava e escrever meus contos e poemas, confiando na memória consciente e na inspiração inconsciente daquilo que eu percebi. Eu tinha a real impressão de que cada vez que a consciência é afetada por um evento traumático (físico ou psicológico), um descolamento do que somos acontece. Sabe, como se fossem icebergs degelando, perdendo partes para

DESEQUILÍBRIO

que uma nova estrutura permaneça e, como os icebergs, a perda de alguma parte nossa, não é uma perda definitiva e destrutiva, já que se parece com águas congeladas, que se tornam líquidas e se dispersam no todo líquido que nos circunda.

Eu sei que a perda da visão, sem tentar aplacar essa situação com tolices de que perdemos algo bom para ganhar outra coisa melhor — quando na verdade sabemos o que perdemos e o ganho é incerto —, trouxe-me o apanágio de, aos poucos, perder a possibilidade de contemplar o meu reflexo no espelho. No meu período de Salpêtrière (e antes disso até), eu olhava meu rosto no espelho para saber quem sou, para saber como me portarei dentro de algumas horas, mas lá no fundo, sabia eu, que o olhar no espelho não é apenas um afastamento de si para ver aquilo que é; quando se olha no espelho, as feições, a postura, tudo é julgado com base nos valores de uma época — demasiadamente temporais — que nos faz ajeitar aqui e ali e suprimir qualquer manifestação involuntária. Olhar no espelho é se cobrir com mentiras e ver a si mesmo em uma idealidade! É amar determinada posição e tentar internalizá-la, construir de fora para dentro e assim seremos vistos.

No Salpêtrière, além das perturbações com os espelhos e com os eus literários que de quando em quando tentavam tomar minha vida para reproduzir suas vontades, ou era eu que queria ser um dos grandes e ver o mundo pelos olhos deles — não o sei dizer —, havia a imensidão de um complexo gigantesco. Era possível caminhar nos jardins do hospital, contemplar a doce Grécia em cada escultura e ver deuses disformes, consagrados por artistas de renome. Talvez, na imaginação de Charcot para a disposição interna daquele lugar, havia uma vontade de dizer que perceber o mundo disforme pela loucura (como a cabeça das esculturas, as combinações perceptivas que criam seres mitológicos) era visto como algo grandioso e não como um devaneio desesperador, que precisava ser suprimido a qualquer custo. Lá fora, onde os normais estavam, onde aqueles sem nenhuma enfermidade desfilavam; lá promoviam as mortes, refletiam sobre como destruir o outro de modo mais eficaz, afundavam-se nas lamas das trincheiras e, podemos dizer, nas lamas da civilização, tudo pelo direito (dizem ser isso) de dominar sobre algum país africano ou asiático. Desde então, eu passaria a odiar o nacionalismo sobre todas as coisas.

Passeando pelos jardins e olhando o efeito do sol em cada janela, as figuras produzidas pelos raios, imaginando uma cosmologia grega naquele lugar, fui andando até me perder na imensidão da construção. Lá fora, no jardim onde cada caminho se bifurcava, encontrei, sentado próximo a uma escultura, um jovem chamado Antoine Gramsci e que estava lendo o livro *A Transformação*, de Franz Kafka, que a maioria conhece como *A Metamorfose*. Eu, sem nada para fazer e com a vontade de viver na literatura novamente, fui entabular conversa. Nascia ali uma relação de amizade e troca de livros. Gramsci tinha gostos parecidos com os meus e era leitor de Kafka e Shakespeare — dois autores fundamentais em minha formação. Eu queria ter sido Kafka!

Como meu novo amigo tinha pouca mobilidade, frequentemente estávamos em seus aposentos discutindo política, literatura e outros temas. Sobre ele, vale mencionar: chegara ao Salpêtrière aos dois anos de idade, após sofrer um acidente que deformou sua coluna, vindo da Itália. Ele me contou todas as suas experiências nesse hospital —mundo e de como era informado acerca do que acontecia no país de origem. Gramsci tinha o sonho de escrever romances policiais até que ficara sabendo de movimentos revolucionários na Rússia e do recrudescimento do autoritarismo na Itália, na Alemanha e na América Latina, mudando sua linha de estudo. O que descobri mais tarde, era que Gramsci não sofria de nenhuma demência ou qualquer tipo de loucura típica de alguns pacientes do Salpêtrière; ele e Charcot tinham uma relação de troca mútua: de um lado, ele oferecia a perspectiva de que estava doente, que era um desvairado e que confundia literatura e sonhos com a realidade — atraindo curiosos ao redor do mundo —, de outro, ele poderia estudar livremente, tratar sua doença respiratória e sua tuberculose óssea, em um hospital referência da França.

Um dos meios da escrita gramsciana era o diário — muito influenciado por Franz Kafka que escrevia desse jeito — e, por isso, quando algum analista tentava analisar sua vida por suas cartas e seus escritos pessoais, acabava se perdendo não sabendo o que era realidade e o que era ficção. Foi o que aconteceu com Sigmund Freud — médico vindo de Viena e que achou que seria capaz de explicar tudo sobre os pacientes, apenas fazendo trocas com as palavras e com aquilo que falavam acerca de Gramsci — pensou ser capaz de adentrar nos sonhos e nos espaços fechados da mente absoluta, no inconsciente onde nem mesmo nós (o ser consciente) conseguimos adentrar. Os sonhos são profundos demais para que possamos traduzi-los de modo separado, com base na vida de um indivíduo: era preciso reviver todos os homens que já viveram e, talvez, nem assim, o conhecimento obtido dessa experiência seria suficiente.

Tanto eu, como Gramsci já havíamos conhecido Freud e seu famoso livro *A Interpretação dos Sonhos*, em que ele faz uma retrospectiva do que era o ato de sonhar, começando pelo misticismo de tribos primitivas que

DESEQUILÍBRIO

associavam sonhos e desejos a deuses e demônios, alguma coisa sobre-humana. Ele continua com explicações aceitáveis — parando para refletir — que o sonho rememora com exatidão os acontecimentos que percebemos de modo vago na vigília, ou seja, que além do ser consciente que percebe e que filtra um pouco dessa percepção (aquilo que conseguimos trazer à mente no ato), existe um arcabouço de dados registrados no que ele chama de pré-consciência e que se divide em níveis mais profundos, até o inconsciente. Que a mente percebe as coisas de modo fragmentado e que ela não suporta a falta de coerência e os "buracos de lembrança" e, por isso, complementa o percebido com base em nossa disposição de ânimo ou, explicando mais corretamente, com base no conjunto das relações que envolvem nossos órgãos perceptivos. Ele ainda explica que o sonho é a realização disfarçada de um desejo reprimido e coloca inúmeros mecanismos de interpretação — sempre partindo da vida do sonhador.

Quando Freud chegou ao Salpêtrière, eu já havia me tornado amigo de Gramsci e tínhamos escrito pequenas publicações, notas políticas nos jornais da Itália, da Alemanha e de outros países, sempre usando pseudônimos e se apoiando na estrutura distributiva de uma organização comunista radicada na Rússia. Na época, travamos contato no hospital com três russos que haviam sido expulsos do país, devido à tentativa de mudar a forma de governo. Líamos muito Marx, Schopenhauer e até tentávamos ler Kant (tarefa impossível, devido a seu estilo de escrita). Cada vez mais, achávamos que a opção real para combater as monarquias, ditaduras e impérios nacionalistas, era dar poder ao povo por meio de uma revolução. Então, escrevíamos sempre pequenos textos: eu ditava, Gramsci escrevia e alterava a ideia. Ele tinha uma letra primorosa e não errava na hora de escrever; podia ouvir um texto de umas três páginas, que memorizava instantaneamente e sabia o espaço que iria ocupar em seu caderno — que, de quando em quando, era enviado por Charcot para as várias partes do mundo. A parte do diário, que era mais anotações sobre leituras e preparação de material para os "nunca escritos" romances policiais, ficava com Gramsci o tempo todo. Surgiu a ideia de pregarmos uma peça no analista Freud, construindo um enredo de acordo com o que sabíamos de como funcionava suas análises. Ele, arrogando-se de ser um fundador de uma nova ciência: a Psicanálise (ciência ainda desacreditada por muitos), publicava todas as suas descobertas em periódicos pelo mundo: algumas eram atualizadas e outras permaneciam com os mesmos preceitos. Foi fácil para nós mapear essa forma de pensamento e colocar em prática o nosso intento, pois eu, afetado pelas circunstâncias, teria de breve voltar para a minha biblioteca na Argentina — o exato lugar onde estou, agora, narrando para vocês estas memórias falhas, cheias de buracos e que são preenchidas de acordo com o que vier na cabeça e com as inspirações que não são as minhas, pois não busco controlá-las.

A ideia era mesclar vida e literatura e mandar o texto para publicação, além de manter o diário como se fosse algo escrito há muito tempo e assim começamos nossa pequena travessura.

Gramsci – Borges, por onde começaremos nosso relato, de que forma começaremos?

Borges (ele me chamava de Jorge e eu o chamava de Antoine, mas como iríamos publicar nossos escritos, optamos por usar o sobrenome, que era bem mais conhecido e menos passível de confusão) – bom, Gramsci, acho que deveria contar sobre seu acidente na infância e explicar o que seu meus pais lhe disseram desse acontecimento. Eu farei a parte de escrever que você morava com vários irmãos, de que não saía nunca de casa e coisas assim e você conta suas histórias, com base nas informações recebidas da Itália e de sua família, com base nas cartas e fotos.

Gramsci – eu já anotei o assunto principal de cada carta e posso trilhar um enredo. Podemos usar Kafka e Shakespeare para fazer a narrativa? Soube que o professor Freud usa Shakespeare para tudo e que, sem Shakespeare, ele nem seria o Freud que conhecemos.

Borges – façamos assim, não sei se você sabe, mas eu tenho uma paixão platônica por Shakespeare e, como fui alfabetizado em inglês, passei por toda a obra desse autor. E se eu escrever que ele era um espírito que influenciava os humanos aqui na Terra e encher de mitologia grega, pervertendo toda a ordem das coisas, fazendo o céu ser o vilão e a Terra ser a parte boa?

Gramsci – é possível, faça essa história do "Desequilíbrio" e eu faço os diários!

Borges – vou escrever essa história de que Shakespeare estava em você e que após o seu acidente ele foi sugado por um ciclone, foi direcionado a ver as divindades primeiras e você seguiu sua vida aqui na Terra, enquanto ele não voltava.

Gramsci – serão tantas perturbações na psicanálise, na literatura e nas nossas vidas, que tenho medo de nem mais saber o que é real e o que é literatura!

Borges – eu não tenho mais esse medo, porque não sei o que é o real e o que é fantástico.

DESEQUILÍBRIO

Gramsci – gostei do começo que você ditou, do Gramsci junto com os irmãos e lendo os livros, estudando e tudo mais. Posso colocar que eu tinha um cachorro?

Borges – pode, que tal nomeá-lo de Argos, o mesmo nome do cão de Ulysses, da *Odisseia*?

Gramsci – eu pensei em usar mais de Kafka. Que tal chamá-lo de K.?

Borges – Excelente! Vou escrever que ele lambeu seu sangue durante o acidente que você teve e que Shakespeare foi incorporado em seus neurônios.

Gramsci – Meu K. vai ser superesperto e terá a mente da toupeira de "A construção" e pensará como se fosse o cão de "Investigação de um cão", ambos textos de Franz Kafka.

Borges – maravilhoso! Nem vou mais fazer William falar por meio do cão. Faça você mesmo (depois vou incorporar seu relato no meu livro). Mas me fala uma coisa: vai deixar *O Processo*, *O Castelo* e *A Metamorfose* sem fazer parte de suas lembranças?

Gramsci – para os dois romances inacabados, eu não pensei nada, mas da "Metamorfose" é possível colocar uma citação. Sei lá, algo como se eu estivesse sofrendo igual Gregor Samsa, devido à minha condição física, tentar passar para o professor a imagem de alguém que se sente abandonado e fazer com que ele leia que "meu complexo de abandono e de inutilidade me fez imaginar ser um escritor, onde na escrita eu seria o protagonista e não um doente debilitado de um hospital!".

Borges – genial! Parece que você já pode ser analista! Deixe que eu use os romances de Kafka: Shakespeare, sendo espírito, tentará narrar, mas esbarrará em fatos externos que limitarão sua ação, como o K. de *O Processo* ou o agrimensor K. de *O Castelo*, que nunca consegue penetrar, o primeiro, no teor das acusações que pesam sobre ele e, o segundo, no castelo em que ele deveria trabalhar. Cada vez que William tentar narrar, será tolhido por um fator que escapa da sua vontade. Vou mandar o livre arbítrio de volta para a *Bíblia* e a meritocracia, para as mentes dos idiotas.

Gramsci – e se eu usar a *Carta ao Pai*, de Kafka, para contar que minha vida não tem sentido, que meu pai achava um inútil por viver de literatura, é possível que meu pai ache isso de fato, não sei? Então, poderei escrever de nossos jantares, das conversas, de como ele não ficava em casa e tratava mal o K., entre outras coisas.

Borges – eu vou usar a "Teogonia" de Hesíodo para refazer a criação e colocar os humanos (que estão destruindo o planeta com as guerras e poluições), como sendo Urano copulando com Gaia. Na simbologia do sexo, as expressões "fender", "dores de parto", com o sexo primitivo visto com a ideia da mulher passiva que sofre, a Terra (que sofreu com inconveniência de Urano) sofreria com os humanos, que produzem o mesmo efeito.

Gramsci – como eu queria falar de *O Processo* no meu diário também! Já sei! Meu pai fora preso, segundo minha mãe, mas ela me informou que ele foi muito bem tratado, que não o agrediram e que cumpriu a pena que deveria. E se eu colocar que ele apanhou no momento da prisão, que foi torturado pelos policiais e que ninguém podia ao menos saber o que ele havia feito?

Borges – isso, mas continuarei usando o processo. Usarei "A janela da rua", "Ser infeliz" e "Crianças na estrada", contos que, de certa forma, Kafka revela uma solidão, o desabrigo, a visão de quem não tem nada em que se apoiar e que combina bem com sua estadia no Salpêtrière. O professor Freud dirá "Gramsci, confinado inicialmente pela ausência de mobilidade e depois, pelas paredes do hospital, ao ver as fotos dos irmãos, da casa e do país em que morava, primeiro imaginava o quanto era infeliz e provavelmente chorava muito com isso; depois, talvez, mais consolado, colocava-se junto com as crianças e imaginava brincar. Ele escreve que sua casa era repleta de pessoas, justamente porque vivia no hospital e sem ninguém próximo dele. Na escrita, ele tenta colocar que a presença de pessoas é algo torturante (o que para ele era justamente o oposto), para que na realidade ele se convencesse que melhor seria estar mesmo sozinho".

Gramsci – Borges, eu acho que você está esquecendo o enredo do diário e tentando me analisar de fato.

Borges – acho que fiz isso sem querer. Vai colocar algo acerca da política para fechar o relato dos diários?

Gramsci – sim, vou colocar Benito Mussolini. Tenho uma imagem dele naquele jornal ali — aponta para um jornal em uma prateleira. Vamos descrevê-lo: possuía botas lustradas, andava de modo tal...

Borges – ótimo. Que tal o restante: K. tentou mordê-lo, ele atirou, a cabeça do cão explodiu e sujou as botas?

Gramsci – sim, vou escrever o que você disse, de um modo bem detalhado. Por fim, Gramsci não era mais uma criança e resolvera sair de casa para estudar.

Borges – sempre fiz o que acabamos de fazer agora: bagunçar a história e a realidade. Até posso ver o Freud vendo sua descrição do Mussolini "Ele, sendo alguém com dificuldade de se mover, vê uma foto de Mussolini, com seus atributos militares avantajados e imagina que aquele homem era o oposto do que ele era. Gramsci reconhecia ser a antítese de Mussolini e sabia que, sendo Gramsci, era a parte boa e possuía sentimentos elevados. Não podendo superar o Mussolini forte e real, inventa coisas acerca do homem, o faz ser sádico e cruel. As pessoas estão sempre competindo com as outras e, quando não conseguem vencer na realidade, vencem por meio de uma vingança imaginária, tal como a descrição feita por Nietzsche do que seria o céu cristão.".

Gramsci – excelente! Temos nossos diários e tudo está pronto.

Borges – eu, relembrando dessas conversas com Gramsci para contar para vocês e nosso plano de escrever este livro que estou escrevendo (sou um dos narradores), recordo-me do prazer que senti em brincar de fazer a análise de Gramsci e escrever nos jornais. Na verdade, a escrita tola e sem pretensões (a dos diários) foi aquela que mais gostei de fazer, aprendi, o que viria a ser muito útil após a minha cegueira, a abrir mão do ego e conseguir fazer a escrita em parceria com outros autores, como agora o faço nessa obra. A psicanálise, para quem não tem a intenção/obrigação de descobrir sintomas nos outros e as causas deles, é uma fonte inesgotável para o escritor de contos fantásticos. Dos trechos de jornais e pequenas reflexões, os acontecimentos supervenientes me fizeram rejeitar todos eles. Eu não sou mais o jovem sonhador que pensava em como salvar o país por meio de uma revolução.

Borges – acontece que na época das leituras feitas de Marx e de outros socialistas, só havia nacionalismos vinculados ao conservadorismo e, podemos dizer, de direita (se é que a palavra se encaixa bem aí). Gramsci me falava do Estado em que toda a sociedade faria parte do governo e que não haveria sociedade política x sociedade civil, pois a hegemonia da sociedade civil (ou coisa assim) assimilaria todo o Estado. Conversamos em muitas reuniões com Vladimir Lianovitch, Nadejda Krupskaia e Giulia Schucht sobre novas formas de governo, antes de os dois primeiros voltarem para a Rússia e ajudarem na construção de um país que continha os mesmos defeitos que tentávamos aniquilar. Um país que suprimia a liberdade dos indivíduos, que cultuava um líder e escravizava os opositores. Desde então, passei a não me reconhecer mais nessas lutas e esquecer a política para viver na minha literatura. Aqui, em minha biblioteca, confundindo lembranças e experiências, preenchendo vazios de obras e da existência, na contínua cegueira de um mundo em podridão, a escolha que não escolhi foi olhar para dentro dos meus pesadelos e produzir linhas de sonhos. Sonhos que são entrecortados por lapsos de consciência, por uma percepção que é disforme e pela homenagem àqueles grandes homens que deixaram suas marcas no mundo e que, como tal, serão torturados por serem lembrados.

Borges – deixarei que Antoine conte mais sobre seus sonhos de mundo melhor. Nosso processo da evolução da vida é contrário. Eu fui da visão defeituosa para a cegueira total, das viagens pela Europa e do acesso ao mundo para a prisão na minha biblioteca, no meu labirinto. Ele, ao contrário, foi da incapacidade de andar para a evolução progressiva de sua mobilidade até que chegou a ser deputado na Itália, em luta aberta contra o fascismo. Ele saiu das paredes do Salpêtrière para se aventurar no mundo.

A minha biblioteca! Qual biblioteca é a minha? Seria a Nacional da Argentina? Não, essa é a biblioteca dos sonhos, aquela que contém livros que não li, de vasto espaço e que foi meu labirinto... labirinto inacessível, devido à cegueira. Foi o céu mostrado por Deus — como um vendedor de comida que mostra as delícias que possui para uma criança pobre, e a criança saliva com o gosto do alimento na boca, mas, ao cabo de tudo, só poderá mesmo salivar, pois não possui o dinheiro para tal. A biblioteca, para mim, era a situação do pobre no mundo: ele planta os melhores alimentos e mal consegue custear a própria alimentação; ele mora em um país cheio de pontos turísticos e belezas várias, mas não possui dinheiro para conhecer a própria terra; ele trabalha, mas não desfruta do produto de seu esforço; é arregimentado por uma moral de escravo, que o faz aceitar que tudo é culpa sua; que o faz abrir mão do único poder que possui: a força da maioria. Ele (o pobre), que deveria esmagar qualquer impeditivo à plena fluição da vida, é enganado por migalhas soltas ao chão, pedaços de sonhos que embotam os sentidos.

A minha biblioteca é a minha mente: tão confusa como só poderia ser. Se toda a versão do mundo é uma mentira, se nunca percebemos corretamente, que ao menos eu possa ser o coautor de minhas próprias ilusões e que você se iluda da forma que achar melhor.

CAPÍTULO XII

UMA MENTE SEM LEMBRANÇAS: IRRUPÇÕES INSTINTIVAS NO VAZIO DO SER

Antoine Gramsci – estive no Salpêtrière desde a tenra infância, imerso neste hospital, passando momentos em que pensei que iria morrer, com dores na coluna e em busca de uma posição — deitado ou como fosse — em que eu pudesse descansar e aliviar um pouco meu sofrimento, limitado pela desorganização intestinal advinda de meu corpo frágil, ainda assim, eu resistia, recusava a deixar tudo o que eu era e ir embora antes de saber quem eu sou. A imobilidade em todos os sentidos, tanto a física, como a ausência daquela sensação que nos projeta para além da situação presente, é, de um lado, uma tortura, porque entendemos a nossa fragilidade e ficamos dependentes, receosos por ter de precisar de alguém e, por outro lado, ela permite uma volta sobre si mesmo e nos dá a capacidade de desenvolver todo nosso pensamento, com muita paciência.

Gramsci – quando estamos fragilizados pela doença, o sentimento de inutilidade nos invade e a ideia de que — sendo um inútil como eu era — não deveria inutilizar outros em função das minhas necessidades. No hospital, ensinavam-nos a ler e a escrever (a única possibilidade da época de viajar mentalmente, mesmo sem sair do lugar), mas esse ensino era por demais tacanho. As aulas eram ministradas por freiras e outros membros de diversas organizações religiosas que Charcot acolhia, sem perguntar o credo. Na França, principalmente nos hospitais e presídios, há sempre pessoas dispostas a diminuir o efeito do mal que fazem enquanto civilização e, se por caridade ou culpa, não o sei dizer, éramos atendidos por um

ÉLDER DA SILVA RAIMUNDO

corpo heterogêneos de indivíduos das mais variadas origens. Ali, eu pude ter acesso a muitas configurações de humanos e anotar em meus diários as características dessas pessoas. O ponto alto de tudo, de um jovem doente que possui um corpo quebrado desde quando nascera, era a possibilidade de ler vários autores, de aprender sobre todo o pensamento do Ocidente e buscar a erudição.

Gramsci – Charcot, depois de me contar sobre a sua experiência com o presidente do Tribunal de Dresden — o famoso caso de um doente dos nervos atendido no Salpêtrière — fazia questão de saber os pormenores dos pacientes. Ele não queria pensar que, como diretor-geral do hospital, pudesse estar negligenciando alguém, daí essa abertura para residência estrangeira, para serviços voluntários provenientes de diversas instituições religiosas, na tentativa de fazer do Salpêtrière um local cosmopolita, um mundo à parte.

Gramsci – mergulhado em meus diários e nas leituras, anotando tudo que eu achava importante, para que quando eu fosse revisar e escrever, não precisasse ler tudo de novo, eu tentei ser útil ao professor Charcot por meio de publicações em periódicos e fazendo pequenas biscates intelectuais, o que me permitia ter um pouco de dinheiro para custear algumas necessidades básicas. É preciso que vocês entendam que nos hospitais públicos (como em todos os locais públicos em que estive, com exceção do Parlamento), as necessidades individuais não são previstas em nenhum orçamento. As despesas do hospital eram discriminadas em produtos gerais, que os médicos e demais funcionários adaptavam para serem usados em casos específicos. Assim, por exemplo, uma pomada para tratar queimaduras era usada no tratamento de qualquer outra doença relacionada com a pele; quem tinha alguma restrição alimentar, como era meu caso, passava a vida toda sofrendo o desajuste de comer o alimento indevido.

Gramsci – escrevi acerca da necessidade da organização dos partidos políticos e a cada momento que se passava, eu lutava comigo mesmo para escrever o que era necessário. Só pensava em como eu deveria assumir o comando da Itália, em como não confiava nas pessoas e tentei entender um pouco mais quem estava ao meu redor. Às vezes, tinha a sensação de que a maior parte dos grandes homens já haviam morrido e que desfrutávamos de um inferno na Terra. Eu via o Diabo em cada pessoa, com seus atos banais ou pensados racionalmente — tanto faz —, via defeitos em tudo, porque olhava inerte na perfeição da minha imobilidade. Quando estamos imóveis e pensamos sobre a ação, sem a possibilidade de nós mesmos agirmos, por

DESEQUILÍBRIO

mais perfeitos que sejam os feitos do outro, tendemos a ver somente o defeito e, de fato, a nossa literatura sendo histórica ou fictícia, nasce do desarranjo. Não há espaço na política para um elogio ao governante, a menos que pretendamos ficar apenas observando. Todo o propositor de ideias e com anseio de chegar ao poder, precisa, necessariamente, atacar quem governa e mostrar suas falhas, assim eu pensava que seria a minha missão da vida — isso muito antes de ter entrado na faculdade e de ser eleito deputado.

Gramsci – pensei, realmente, que meus problemas em me relacionar no Salpêtrière com as pessoas ordinárias (que de início foi devido ao auto martírio por me sentir envergonhado em não conseguir cuidar do próprio corpo e expor meus dejetos perante estranhos), pois sabemos que, quando você precisa demais do outro, todo projeto de construção individual vai embora: não escolhemos o que vamos fazer, a hora que vamos, se iremos comer tal coisa e eu permanecia deitado, com dores. Eu era a imagem do Gregor Samsa metamorfoseado, mas sem o apanágio de ter sido caixeiro viajante. Era dorido tentar se apegar na memória de uma mente sem lembranças. Eu lembrava de "mim mesmo" no hospital, no Natal, eu estava no hospital; quando era criança, eu brincava no hospital e via o hospital, passeava pelo hospital. A minha mente sem lembranças era presa nas paredes e figuras do Salpêtrière e o ambiente se anexava a meu ser. Cada pessoa que entrava ali e trocava um móvel de lugar, que movia meu corpo para um lado e outro, irritava-me profundamente. O trânsito de indivíduos que iam e vinham. Os pacientes que ganhavam alta médica e eu imaginando sempre "agora será minha vez", mas nunca chegava. Pisos eram trocados, médicos morriam e outros chegavam, e eu, no limite de minha própria rejeição, que quando chega ao extremo se transforma em seu oposto, na curvatura da vara como dizia meu amigo Vladimir Lianovitch, de inseto asqueroso, passei a me achar uma pessoa especial. Especial, porque o Salpêtrière era meu! Porque todos mudavam e eu permanecia! A recuperação da autonomia física dos movimentos e a saída daqueles cuja presença representavam minha humilhação (que cuidaram de minhas necessidades mais repugnantes) permitiram o contato com outros, mas eu escritor de artigos de jornais, eu pretenso escritor de romances policiais, era por demais ocupado para se ocupar com pessoas comuns, foi quando me encontrei com Vladimir, Nadejda Krupskaia e Giulia Schucht, exilados da Rússia. Com esses três pensadores, eu que pensei que meus problemas de relacionamento eram devido à deficiência das qualidades do material humano encontrado, passaria a pensar diferente desde então; eles eram extraordinários, mas e as demais pessoas?

Gramsci – que notícias trazem da guerra?

Vladimir – um desastre total, cujos efeitos nem é possível averiguar!

Nadejda – estivemos em todos os lugares do mundo e o cenário é o mesmo: todas as fábricas paradas, homens uniformizados e brilhando, que saem de casa como se fossem desfilar e, quando voltam, voltam em farrapos ou sem partes do corpo. Lênin (ela chamava Vladimir assim), que estava sofrendo de uma tosse seca, que ora escarrava sangue, não conseguiu nenhum atendimento, devido a tantas internações de soldados feridos da guerra.

Giulia – o Salpêtrière nos acolheu. Nós lemos alguns de seus escritos nas publicações da Internacional, tem interesse de viver na Rússia após a revolução? Soube que a Itália não caminha na direção da hegemonia do proletariado. Recentemente, fomos informados que o czarismo caiu e iremos voltar.

Gramsci – estou indo de volta para a Itália mesmo assim, para minha família. Vocês apoiam o novo governo? Quem está no poder no país de vocês?

Lênin – não sei se posso dizer que alguém está no poder, mas estamos nos preparando para levar a Revolução até o fim e implantar um Estado proletário.

Gramsci – o que os russos acham disso?

Lênin – os russos? Que russos? Há uma nobreza decadente e que explorou a nação até agora e um gigantesco grupo de mujiques e descendentes de servos rurais, que nem sabem o que é política. O povo não é capaz de pensar e é movido pelo estômago e pela fé.

Gramsci – vai trocar um governo centralizador por outro? Trocar o czar por Vladimir?

Lênin – Gramsci, suas ideias são excelentes, mas ninguém assume o poder convencendo privilegiados a abrirem mão de seus privilégios. O primeiro ato é um ato violento mesmo. Muitos lutarão para preservar a escravidão em que se encontram. O povo abre mão de tudo em nome de não mudar!

Gramsci – e qual é sua proposta? Impor a mudança à força? — neste instante, Gramsci que falava diretamente com Lênin sofre como se fosse um espasmo, uma forte dor de cabeça e lembra dos escritos de Marx. Sabe, Lênin! Você é quem está certo nisso! Enquanto pensamos e escrevemos (igual Marx e Engels fizeram), os poderosos continuam no poder e nós mesmos, tão cheios de vontade de manter uma pureza teórica e de nunca errar, acabamos brigando sem sermos capazes de formar uma frente única contra o capital.

DESEQUILÍBRIO

Nadejda – mas é preciso discutir e ter um projeto de política nacional, uma ideia do que queremos.

Lênin – sim, nos esboços do Capital que nós temos, há uma preocupação essencial: como otimizar recursos? Como evitar a especulação e reduzir as voltas que a circulação de mercadoria faz? Se o primeiro ato da revolução é um ato militar, o segundo, com toda a certeza, será um ato econômico, com foco na logística.

Giulia – e a arte, a propaganda, a escola e os intelectuais reunidos darão conta do programa necessário para internalizar a nova forma de viver na Rússia.

Gramsci – eu não vejo a possibilidade, Giulia, de se fazer um Estado de cima para baixo, usando o mesmo modelo burguês, mas com a tintura comunista.

Giulia – fará um Estado com o pensamento dos mujiques, que só entendem acerca da terra e deixar que o caos tome conta?

Gramsci – não tenho a resposta no passo a passo para sua pergunta. Talvez, a nossa dialética grega, por demais formal, seja insuficiente para dar conta de problemas reais, mas como exercício mental de um futuro melhor, de uma ideia; penso que o Estado (que hoje é entendido como Sociedade Política, ou até mesmo aparato coercitivo para enquadrar a massa popular, segundo o tipo de produção e economia, ou hegemonia de um grupo social sobre a inteira sociedade nacional) seja mais adequadamente entendido por meio de uma fórmula: sociedade civil mais sociedade política, em que a massa produz uma cultura que seja a manifestação da vontade consciente dela e aos intelectuais, caberia o papel de "desencantar, desnudar o que parece natural no nosso mundo artificial", para que o pensar do povo seja um pensar com menos influência da dominação burguesa incutida ao longo da história. Assim, o Estado passa a ser tudo e não o árbitro de conflitos entre as classes, pois essas serão dissolvidas.

Lênin – bravo, Gramsci! Nem Engels em o Anti-Duhring foi tão preciso. Vou guardar com carinho todos esses seus apontamentos. Espero que nos encontremos novamente. Vou me retirar para meus aposentos, porque amanhã bem cedo voltarei para a Rússia. Manteremos contato. Vamos, Nadejda? Já está tarde e precisamos dormir.

Borges, que passara rapidamente no quarto de Gramsci para se despedir, pois ele retornaria para a Argentina, ouviu um pouco das discussões dos socialistas. Ouviu em silêncio, silêncio típico de alguém que está pensando internamente, mas que vê nas palavras dos sonhadores, uma esperança para todos os países, no entanto, ao fim pensa: "Sem a teoria, a própria prática irá devorar os revolucionários- como na Revolução Francesa — com a teoria, o real estará submetido a uma forma que, de um modo ou de outro, será uma proposição idealista, desvinculada da matéria — uma nova religião, em que os homens são deuses! Vou ficar na literatura mesmo".

Nadejda – já dormi bastante, permita-me que eu discuta um pouco sobre a escola e o que precisamos fazer para educar as novas gerações. O senhor ainda está disposto, Gramsci?

Lênin e Borges saem.

Gramsci – claro, seria um prazer! Giulia, acompanha-nos?

Giulia – certamente, e prometo não brigar!

Nadejda – penso que um dos requisitos fundamentais para o desenvolvimento de um novo país é a alfabetização e o desenvolvimento da consciência política de todos os cidadãos.

Gramsci – sobre essa questão nós não temos divergências.

Giulia – acho fundamental apresentar os artistas que fizeram sucesso, abrir teatros, falar de coisas elevadas, de questões existenciais.

Nadejda – sim, principalmente resgatar a nossa cultura. Afastar os russos da Igreja Ortodoxa.

Gramsci – não esqueçam que a massa precisa ser conquistada. Ela não possui os mesmos gostos. Atrevo-me a dizer que se é fundamental ter professores bem formados, muito mais o é que eles sejam provenientes de classes baixas. Que seu léxico seja condizente com as pessoas que estão ensinando. Que a educação os ajude a entender a própria realidade e coisas assim.

Nadejda – é preciso desenvolver uma ética do trabalho e, para isso, promover uma diversidade da atividade produtiva, para que cada pessoa possa trabalhar naquilo que gosta. Talvez, um cronograma por regiões, em que cada indivíduo tenha obrigações coletivas e tenha tempo para fazer o que bem entender. Dessa forma, todas as suas necessidades serão supridas pelo Estado e ele produzirá para suprir o coletivo.

Gramsci – sim, isso mesmo. É essencial que o trabalho não seja visto como algo em que se padece, pois, hoje, quando converso acerca dos sonhos profissionais das pessoas, a maioria sonha em não trabalhar e juntar dinheiro para que os filhos vivam no eterno "não fazer nada".

DESEQUILÍBRIO

Giulia – sim, e cada pessoa, ao invés de desejar trabalhar menos, pela nossa nova moral, preferirá trabalhar mais para não imaginar que pode estar dando prejuízo ao coletivo. É a moral do "prefiro ter do que dar prejuízo".

Gramsci – a outra questão é inverter o polo da escola: ao invés de formar para o trabalho, com a ética do trabalho capitalista; é preciso que o trabalho seja pensado pelo humano. O humano é o mais importante e, sem o lucro e sem movimentos desnecessários da circulação produtiva atual, os exageros serão cortados e a porção de trabalho necessário será menor para todos. Outra questão é quem trabalha feliz, produz mais e não precisa de supervisão e nem de uma psicologia comportamental barata.

Gramsci – deve-se convencer muita gente de que o estudo é também um trabalho, e muito cansativo, com um tirocínio particular próprio, não só intelectual, mas também muscular-nervoso: é um processo de adaptação, é um hábito adquirido com esforço, aborrecimento e até mesmo sofrimento. É preciso fazer uma lista de instituições que devem ser consideradas de utilidade para a instrução e cultura públicas que são consideradas como tais numa série de Estados, instituições que não poderiam ser acessíveis ao grande público (e se considera, por razões nacionais, que devam ser acessíveis) sem uma intervenção estatal.

Nadejda – diga-me, propõe, por exemplo, que uma Igreja ou seita, daquelas que visam apenas anestesiar os fiéis, deva ser proibida? Devemos limitar a fé?

Gramsci – é outra questão que somente a prática poderá responder. Depende do quanto o povo é vinculado a uma tradição religiosa, do que o governo revolucionário pode oferecer aos governados (note que ainda uso o léxico governo e governado, mas apenas para que compreendam do que estamos falando, já que a ideia é fazer desaparecer esses termos opostos). Acho, sinceramente, que se a sociedade utópica que imaginamos funcionar; se a fome for eliminada, o exagero da nobreza se extinguir, se grande parte do sofrimento humano (sei que tem o existencial, mas o financeiro é o primeiro e é o que traz os demais), certamente, ninguém vai viver contemplando um céu, um mundo melhor. O céu, a outra vida, o sofrer, é apenas uma aposta arriscada da vingança imaginária de quem é incapaz de viver aqui. É como se dissessem: está uma droga e não aceito que sempre será assim. Nenhum rico pensa de fato no céu ou na Igreja; se pensar é mais por um sentimento de culpa em relação ao pobre (parca culpa, culpa da consciência e não da prática, sente culpa, mas não muda sua exploração) e, não vendo mais pobres e nem miseráveis, não vendo ricos e todos estando nas mesmas condições materiais, vão tentar se sobressair por valores humanos mais elevados, pela mente racional e não por esse absurdo que faz julgarmos um humano melhor de acordo com suas posses.

Nadejda – acho que era isso. Eu vou me retirar também! Não quero deitar-se muito tarde e acordar o Lênin, porque amanhã a viagem será bem longa e ele precisa estar disposto ao falar com os camaradas.

Giulia – eu preciso de um banho!

Gramsci – levo-te até o lavatório reservado. Esse é um dos privilégios ser hóspede permanente do Salpêtrière.

Nadejda – boa noite! Manteremos contato contigo Gramsci. Espero que possas participar das reuniões da Internacional em breve. É para ser em Viena ou quem sabe Moscou, se até lá tivermos assumido o poder.

Durante o período em que os quatro conversavam nos aposentos de Gramsci e após a leve intromissão de Borges, era como se aquelas pessoas não fossem seres de carne e osso. Não havia ali qualquer manifestação de um humano animalizado. Eram pensadores herdeiros do marxismo e discutindo sobre as possibilidades de ação. Evidentemente que já se conheciam por meio dos escritos e cartas de ambos, de publicações custeadas por entusiastas da revolução, por partidos políticos e trabalhadores. Quando conhecemos alguém por seus atributos humanos mais elevados, "fulano é revolucionário, foi perseguido pela Europa; ele passara a vida toda brigando contra a monarquia; ele traduziu os textos do pensador tal para a linguagem do proletariado...", a dimensão do corpo físico é transcendida. Por mais que a aparência (que nos desconhecidos é a porta de entrada para a aproximação — porta que se cruza rapidamente e que pode ser causa de uma afeição ou desencanto pelo outro), nos conhecidos são as qualidades que sobrepujam o resto. Vemos apenas a grandeza ou a decadência do nosso amigo ou nosso inimigo e, a partir dali, legitimamos ou rejeitamos os discursos.

Diferenciar a ideia da pessoa que a manifesta é um passo de evolução intelectual de que pouco são capazes, por exemplo, a maioria de nós tenderia a aceitar com facilidade uma opinião de um falso médico que estava bem arrumado e vestindo jaleco e recusar categoricamente uma receita tida como eficaz, se ela for proveniente de alguém maltrapilho e de reputação duvidosa. Classificamos o outro *a priori*. Lênin foi dormir e não teve a preocupação se Nadejda iria ficar sozinha com Gramsci — preocupação que na época era mais do que esperada, Nadejda sai do quarto de Gramsci e vai para junto

DESEQUILÍBRIO

de Lênin sem se importar com Giulia ou como cada um iria terminar sua noite. Na mentalidade comunista, em que tudo é dividido e nos leva a pensar que essa coletividade é absurda e insuportável, em compensação — para ter espaço de ser indivíduo no coletivo —, a vida individual não interessa; cada qual segue de acordo com seus valores e os assuntos que são pautados precisam ter relevância para a organização da política. Em outras palavras, não perdem tempo se preocupando com a vida doméstica dos camaradas, a menos que essa vida cause algum transtorno para outrem.

Assim, Giulia saiu com Gramsci em direção ao lavatório. Deram tantas voltas naquele hospital-labirinto e mal iluminado (a maioria das pessoas jaziam no leito, pois era tarde da noite) que Giulia, que parava olhar cada detalhe das paredes, jamais poderia voltar sozinha até o quarto. Gramsci iria esperá-la se banhar. Acostumada com a liberdade da arte, ela começa a se despir na frente dele e fica totalmente nua. Entrega-se ao banho como quem lava sua alma. O ambiente estava escurecido e somente a forma dela se sobressaía. A água descendo e contornando aquele corpo sem igual. Ele fecha os olhos! Olhos castos e volta o pensamento sobre si. Ele se desliga do mundo, sentado próximo de onde ela se banhava, com sua mente vagando no nada. Ela termina o banho e ele vai para o lavatório. Toma banho sem tomar consciência do próprio corpo, do corpo real que ele tinha naquele momento. Ele vira mentalmente o seu corpo de Gregor Samsa e, pela primeira vez, pensara ser um corpo incapaz. Corpo esfacelado. Corpo destruído e nada desejante.

Eles saem quase que tateando as paredes, um apoiado no outro em direção ao quarto de Gramsci. Havia uma escada para subir, mas onde estaria aquela escada quando foram para o lavatório? Ele estava tão imerso nas reflexões que tivera, nas conversas e fez todo o percurso de modo automático. Ela lembrava das escadas. Ele, agora — controlando seu eu para não ceder a nenhum instinto —, parecia ter se esquecido até mesmo de como caminhar e, cá entre nós, já caminhou diante de quem estava te avaliando, seja um amor ou uma chefe? Não parece que esquecemos tudo? Nós, que falamos calmamente e de modo compassado, não gaguejamos diante de uma apresentação importante? Não esquecemos de controlar a respiração — processo que é quase automático quando estamos relaxados?

Foram caminhando pelo escuro e, ao chegar ao pé da escadaria, sentiram que pisaram em algo. Era volumoso e foram tateando, tateando, até que ele iluminou progressivamente o ambiente. Era Charcot! Provavelmente, ele caíra da escada e com isso arrebentara sua cabeça no chão. Havia uma poça de sangue que manchou Giulia e Gramsci. Era o fim da vida do diretor!

Charcot — como sempre fazia durante o período noturno — em um daqueles dias em que tivera um caso difícil de entender e que, para tal trabalho, rompera madrugada adentro na noite anterior, seguindo o dia acordado e pensando ainda tarde na noite do acidente. Ouvira um barulho (era o barulho de Gramsci e Giulia indo para o banho) e o médico se levantara apressadamente, temendo que algum lunático viesse a se suicidar ou que algum quarto de doentes perigosos tivesse ficado aberto. Acorda de sobressalto, com a pressão ainda baixa, mas impelido pela necessidade de agir, caminha pelo escuro e tropeça. Rola a escada e morre.

Freud, Lênin e outros acordam e rapidamente os funcionários isolam o corpo do diretor e direcionam todos para os respectivos leitos. Gramsci e Giulia foram para a mesma cama, com as roupas marcadas pelo sangue de Charcot. Dormiriam juntos e cheirando a sangue, já que não puderam voltar ao banho antes de amanhecer. Eles se despem e se deitam ainda em estado letárgico, devido à cena presenciada. Gramsci é tirado da percepção física novamente, justamente quando William retorna. Lá, durante o banho de Giulia (em que Gramsci conscientemente afasta qualquer tipo de pensamento instintivo-libidinoso), William, que até então parecia adormecido (os espíritos assim o são; só aparecem quando suas ações divergem da vontade prática do humano em que eles habitam), coletou inúmeras informações. William espírito percebeu que havia uma vontade de cópula na mente de Gramsci, vontade não assumida perante o Gramsci que se julgava o pensador. William (que usara de Borges para afetar a percepção de Gramsci, que tinha como meta o anonimato — fingir que era mitologia, que era literatura e que não existia) passa a influenciar novamente. A tomar conta do ser que julgava racional. Em outro recôncavo inconsciente, os filhos de Pandora, que acordam durante o sono e que vigiam na vigília, alguns deles gravaram o horror da morte de Charcot e iriam introjetar no débil Gramsci adormecido, a ideia de culpa, de pesadelo. O cheiro do sangue, a perda do médico protetor, a destruição de uma vida que parecia estar caminhando para o equilíbrio — a vida de Gramsci deveria ser desequilibrada por Pandora, um desequilíbrio superveniente e que independe da vontade do humano que tem corpo, mas que é afetado por forças que lhe escapam.

William foi tão preciso em lembrar de Giulia, que, ao invés de Gramsci ter pesadelo com a morte de Charcot (como era o alvo de Pandora), ele sonhara estar deitado com Giulia, abraçado e nu na mesma cama que ela. Ele sonhara que eles se amavam e se amaram como nunca. William, espírito

DESEQUILÍBRIO

narrador, agora conseguira impactar o humano de modo definitivo. Gramsci, assim que amanheceu e com as lembranças ainda na mente daquele sonho maravilhoso — William o fez esquecer que ele tinha um corpo debilitado; William afastou todos os entraves dessa união carnal —, percebe que, de fato, ele pensava que dormira ao lado de Giulia nua. Ele não mais sabia se havia vivenciado um amor de fato ou se a nudez dela projetou imagens em sua mente ainda perturbada. Levantaram-se, vestiram-se e foram para o banho. Ela, decidida de modo repentino, iria para a Itália com ele e assim fizeram. Eles tomaram banho juntos e nenhuma memória do ato sexual fora registrado. Não era para ser registrado, comentado ou lembrado. As lembranças foram perturbadas. O Salpêtrière era mesmo o depósito do esquecimento, onde tudo surgia e desaparecia. Acho, sinceramente, que os analistas e médicos que ali estavam, ao abrir barreiras e adentrar no inconsciente dos pacientes, faziam com que uma reorganização racional e mutilada fosse impossível. Era relativamente fácil abrir tudo, mas era difícil ajeitar tudo no lugar e esse seria o papel de Freud.

Lá de cima, olhando a Gaia girar e com olhares atentos para tantos brilhos em um mesmo lugar, os deuses artífices finalmente tinham agido para fazer com que humanos extraordinários viessem a se relacionar. Agora, depois da transformação do encontro de ambos, era necessário difundir seus dons pelo mundo. Os deuses artífices — por meio dos espíritos de Urano — faziam com que o humano que agia de modo demasiadamente recatado fosse dominado por um impulso de Eros que o permitia deixar de raciocinar por alguns instantes e desfrutar de uma união cósmica, da possibilidade nascida do acaso. Deuses instintivos que juntam desejos similares, pois aqueles que desejam, tementes de não serem desejados, tenderiam para uma paixão triste e que não desfrutaria de nada, sem uma parcela carnal de Urano. No desequilíbrio, o autocontrole e o descontrole eram complementares para a equilibração.

CAPÍTULO XIII

O INSUSTENTÁVEL DESEJO DE SER: VIDAS EM DECOMPOSIÇÃO

O corpo de Charcot fora velado durante os dois dias após o acidente — sendo que a causa da morte era mesmo uma infelicidade do acaso, sem que qualquer possibilidade de crime ou suicídio fosse aventada. Acontece que o médico trabalhava demais e acabou sendo engolido pelo trabalho. A afirmação "engolido pelo trabalho" é literal, já que decidiram enterrá-lo dentro do Hospital. Seu quarto fora fechado e seus pertences mantidos em segurança. Cada um de seus casos foram transferidos para outros médicos que já cuidavam, junto com o mestre, daqueles pacientes. O prefeito fizera um decreto para que guardassem cada lembrança de Charcot e, futuramente, deveriam criar uma capela-memorial com os objetos pessoais, anotações e outros pormenores dele. O homem que dedicou toda a sua vida a cuidar dos outros, morreu sem "dar trabalho" a ninguém e desapareceu instanta-neamente da existência.

Freud faz um discurso de homenagem ao falecido — seu último ato público antes de regressar para Viena, restando ainda uma última entrevista com Gramsci. Freud sobre Charcot: "É inevitável que o avanço da ciência, na medida em que aumenta nosso conhecimento, deva ao mesmo tempo reduzir o valor de inúmeras coisas que Charcot nos ensinou; mas, em tempos mutáveis, nem as concepções mutáveis podem diminuir a reputação do homem que — na França e em toda parte — estamos hoje pranteando".

Nadejda e Lênin regressam até a Rússia e tomam a dianteira (junto com outros revolucionários) do processo que iria mais tarde — como sabe-mos — dar origem a União das Repúblicas Socialistas Soviéticas (URSS). Olhando retrospectivamente, não dá para saber ao certo se a afirmação de

ÉLDER DA SILVA RAIMUNDO

Gramsci "Só a oposição é confortável" se aplicaria a Lênin e seu governo. Ele, doente como era, mal teve tempo de fazer alguns ajustes na economia, regressar para práticas tidas como capitalistas e enfrentou — durante seu breve governo — toda a potência da reação: interna e externa, de tal forma que morrera sem desenvolver a URSS ao potencial máximo. Ele era o teórico e, a partir de sua morte, Josef Stálin iria assumir a liderança da nação e representar uma parcela do movimento revolucionário que tinha suas bases lá em 1848, mas que somente iria se efetivar de fato a partir de 1917, muito em função dos efeitos da Grande Guerra.

Gramsci estava arrasado e toda sua estrutura consciente fora afetada. O Salpêtrière estava sendo desarticulado. Charcot era o elo que mantinha tudo funcionando e que diferenciava o hospital das demais instituições que ali existiam. Estudiosos, médicos residentes e uma série de outros curiosos acabaram debandando daquele lugar-símbolo, até que, certamente, devido às necessidades da assistência pública da época, alguma entidade viria a reformular toda a organização hospitalar e seguir fazendo o que se espera ser feito em um hospital. A ideia simbólica do Salpêtrière havia passado e um período pragmático — que Charcot tanto evitava — teria início: atender os soldados e colaborar para o esforço de guerra. Quando a guerra e seus efeitos estavam em evidência, a ideia do sofrer existencial, da loucura, da fragilidade humana, tudo era deixado de lado em nome de bons resultados no campo de batalha. O analista era dispensado e Freud (vindo do Império Austro-Húngaro), apesar da suposta imparcialidade da ciência, deveria retornar para o lar e cuidar da vida doméstica, que era assistida a distância apenas e por intermédio das intermináveis cartas de amor para Martha.

Quem seria Antoine Gramsci após o Salpêtrière? Deveria ter se entregado de fato a uma análise sincera, reconhecendo os "buracos" de lembrança e de personalidade que todo o humano tem e buscar ajuda de Freud? Quando se passa a vida inteira se preparando para algo, para exercer o poder e se engajar na política da transformação da sociedade, é inevitável a reflexão se estamos prontos e se o que pensamos é o pensamento mais eficaz para determinada situação.

Freud, que já conversara com Gramsci várias vezes, que já lera os diários dele e as anotações de Charcot. Freud que conhecia a literatura de Kafka e de Shakespeare, facilmente entendeu a "brincadeira de mesclar vida e realidade com a literatura de Kafka" e fingir que isso era um diário. Freud, era um incansável e que jogava tudo fora, abrindo mão de suas

132

DESEQUILÍBRIO

maiores certezas, em prol de outras mais certas. Pobre Gramsci, mal sabia ele que toda a tentativa de enganar outrem é, antes de mais nada, a revelação de nossa verdadeira intenção. Mal sabia ele que, desacreditar em "espíritos narradores", em demônios que nos pegam na esquina, não faz com que esses sejam falsos, apenas revelam o nosso insustentável desejo de ser.

Freud (mentalmente, observando os últimos enlutados na sala de recepção do Salpêtrière) – Gramsci e Giulia estavam em um sofá, de cor branca, mas levemente encardido. Ele estava apoiado com uma mão no joelho e a outra segurando as duas mãos de Giulia (ela envolvia a mão de Gramsci com suas duas mãos). O olhar dele era ora para o chão e ora para o vazio, típico de quem contempla não sabe o que. Ele percebeu que eu estava olhando para os dois e me chamou até o sofá.

Gramsci – professor!

Freud – sinto muitíssimo pelo ocorrido, sem dúvida, ele era um grande homem! — Giulia agora envolvia Gramsci com os braços. Eles se afastaram na direção do canto do sofá para que eu pudesse sentar e ela ficou próximo ao braço oposto ao que eu estava, enquanto Gramsci ficou entre nós.

Giulia – vou dar licença a vocês, ainda hoje nós partiremos para a Itália e preciso arrumar minhas coisas.

Gramsci – por gentileza, Giulia, é possível você ir até meu quarto e recolher meus diários, cartas e anotações? Pretendo levar tudo embora — Giulia sai e Gramsci e Freud ficam conversando sobre a morte, em sentido geral. Giulia retorna.

Giulia – a porta do seu quarto estava aberta e não havia nenhum diário, carta ou qualquer anotação, mas não levaram nem dinheiro e nem os demais objetos pessoais.

Um dos funcionários do hospital se aproxima.

Funcionário – por decreto do prefeito, todas as correspondências dos pacientes, as análises dos casos e documentos deverão ficar sob a guarda do hospital. Futuramente, após analisarmos e catalogarmos tudo, talvez, o senhor possa reaver suas posses.

Gramsci sabia que tudo estaria perdido e que, com tanta demanda no hospital, ele morreria muito antes da burocracia da liberação dos diários ser finalizada.

Giulia deixa Freud e Gramsci sozinhos.

Gramsci – parece, professor, que não poderei lhe entregar meus diários para que o senhor aprecie novamente.

Freud – não faz mal, eu também já li Kafka várias vezes!

Gramsci fica vermelho ao imaginar que Freud percebera sua brincadeira, que ele executara com o auxílio de Borges.

Gramsci – desculpe! Não queria fazer o senhor perder tempo comigo. Eu devia ter dito que "não tenho nenhuma repressão" e que conheço seu livro *Interpretação dos Sonhos*.

Freud (irônico) – magnífico! Parece que temos um analista aqui e que analisa a si mesmo com muita objetividade. Olha, nem eu e nem Charcot conseguimos fazer a nossa própria análise de modo objetivo. Quer ouvir algumas histórias sobre o que eu vejo de tudo isso? Finja também que é uma brincadeira e que estamos falando de literatura, de um italiano desconhecido e doente e que veio viver no Salpêtrière.

Gramsci – por que não?

Freud – esse italiano, vamos chamá-lo de K, desde muito pequeno esteve internado no hospital. Não possuía contato direto com os irmãos, com os pais e via na literatura a existência de mundos perfeitos. Passara a projetar a si mesmo em um daqueles mundos e a sofrer com isso. Vê no Kafka algumas similaridades: a doença, o pai ausente (que no caso de Kafka, era um pai cruel: presente fisicamente, mas ausente no papel de pai), o medo de morrer sem falar nada e resolve escrever, imaginando "Se a escrita deu certo para o Kafka, vou usar o mesmo recurso para isso!".

Gramsci – continue, professor!

Freud – por viver na literatura e no mundo ideal, via nas pessoas das classes baixas, a idiotia, a ausência de sabedoria e se achava único. Projeta no outro ordinário um nada e pensa consigo "Ninguém lembrará desses idiotas, que vivem para o imediatismo, enquanto eu, privado de um corpo eficaz, serei eternizado por ser intelectual!".

Gramsci – esse era um dos meus erros, mas hoje, falando sinceramente, amplio em muito a definição de intelectual e a classificação do valor do outro. Cada um tem uma inteligência própria, tem saberes únicos e que muito podem ajudar. Diante de situações de dores e desespero, quantas vezes, após desmaios, não acordei com plantas medicinais moídas em minhas costas e que aliviaram e muito o meu sofrimento. Eu era assim, mas até ver que por trás de cada casca de humano, casca que nós imaginamos, existe um ser ímpar que teve experiências várias e que é melhor do que nós em muitas coisas e pior em outras tantas. É, sobretudo, diferente.

Freud – é o Gramsci falando? Você acredita mesmo nisso?

Deuses artífices observando Gaia.

Prometeu para os artífices – como é possível! É engano meu ou o casulo está relativizando que tudo é aceitável e que qualquer caminho é digno de ser vivido?

Epimeteu – olha, quem sabe eles não estão aprendendo a viver como os animais, a entender que são o que são!

Hefesto para Epimeteu – sua besta quadrada! Você prendeu os animais em instintos fechados, com pouca ou nenhuma adaptação. O potencial humano (por espíritos que narram, por Pandora e pela realidade) é muito além do que qualquer animal. Deixe tudo desagregar e verás o que sobra.

Prometeu para Hefesto – incomode William, reative Borges, faça-o se mover!

Hefesto – eis o meu raio sobre vós! O primeiro raio fez William reavivar na rede neuronal de Gramsci, de modo que o corpo mortal começou a dar mostras de uma instabilidade (aqui não estamos falando de uma fraqueza e sim da transparência de um instinto transbordante).

Borges, que havia saído daquele mundo chamado Salpêtrière, ainda rememorando as conversas que teve com Gramsci, os momentos que ouviu Lênin e pensando que, talvez, o comunismo viesse a ser a antítese do nacionalismo que ele odiava, é — de repente — atacado por um lapso da visão.

Borges (na Biblioteca na Argentina) – olhava para as páginas dos livros e me aproximava, e quanto mais me aproximava, mais as linhas me escapavam. Senti-me de volta ao hospital, perdendo aos poucos a visão das coisas. A cegueira veio de modo inexorável quando eu estava lendo *O Capital,* será que esse livro, se for lido a esmo, produz apenas cegueira e distorção? Eu concordava com muito do que havia nos escritos de Marx, mas imaginava se ele não estava falando de um humano ideal. Em meu país, ao menos, era difícil ver toda aquela solidariedade imaginada. A partir de então, eu estava cego e as letras sumiram para sempre. Minha mãe, Leonor, escrevia e lia para mim. Ela nunca leu nenhuma forma de literatura comunista ou revolucionária. Agora, além do desconhecimento que a falta de contato direto entre um ser perceptivo não afetado pelo corpo que percebe, havia a censura que minha mãe promovia. Era preciso confiar que ela escreveria exatamente aquilo que eu iria ditar. Logo eu, que gostava de olhar as letras no papel, a estética e a forma, tive de abrir mão de tudo isso, em nome da única possibilidade de escrita que me restava.

Prometeu – continue com Gramsci, Hefesto! Continue com ele enquanto Borges desperta para a perda da visão física e mergulhe na percepção do todo que é a mente!

Retorno ao diálogo de Freud e Gramsci.

Gramsci – é o que realmente acho, professor. Que todos temos nossos valores e experiências e que a diferença entre nós não é dada em nome da posição ou cargo que temos e, sim, da nossa disposição para se dedicar em algo.

Freud – dedicar-se em que, exatamente?

Gramsci – ora, professor, em tudo. Eu quero trabalhar para reduzir o sofrimento em meu país. Para que a maldade seja combatida a todo o custo.

Freud – e o que é a maldade?

Gramsci – é agir sem pensar no outro. É como essa guerra sem sentido, que só alimenta vaidades e destrói tudo.

Freud – veja, Gramsci, quando você escreve no seu "diário ficção" que Mussolini matou seu cão, que humilhou seu pai, também está manifestando seu ódio por ele, mas na forma negativa. Todos nós temos pensamentos sombrios e cabe saber como controlá-los. Com Mussolini, você lendo as notícias de que ele estava galgando posições ao poder, que a Itália estava trocando de lado na guerra e que havia instabilidade em todos os níveis, temera que o país sucumbisse à incerteza e que um ditador assumisse o poder. É o temor que todos nós temos atualmente.

Gramsci – professor, com todo o respeito, é a mesma análise que eu e Borges fizemos por meio da brincadeira.

Freud – você disse que leu *A Interpretação dos Sonhos* e deveria ter lido sobre os Chistes ou *A Psicopatologia da vida cotidiana*. Nenhuma brincadeira é em si apenas uma brincadeira. Isso foi um subterfúgio que vocês usaram, para que pudessem burlar a censura do convencional e deixar aflorar o inconsciente por meio do humor. Por exemplo, uma piada feita com alguém respeitável, revela nosso desejo de depreciar esse alguém de um modo ou, ao contrário, dependendo do contexto e dos termos da brincadeira, manifestar um afeto de amor ou outro qualquer.

Gramsci – entendo, professor. Então, o senhor acha que eu sou mesmo um doente mental?

DESEQUILÍBRIO

Freud – eu sempre disse, desde quando comecei a pesquisar ainda sobre a neurologia, que a doença e a saúde mental são linhas muito tênues e que demandam uma análise mais completa, sendo impossível inferir algo definitivamente por meio de nosso curto período de conversas.

Gramsci – e como o senhor sabe quem é o "normal"?

Freud – eu não sou e ouso dizer que ninguém o é. Eu, particularmente, vivo em processo de autoanálise, às vezes, submeto-me a análises de outros, para que eu possa lidar com meus traumas inconscientes. Assim, fazer análise, falar de si, buscar o autoconhecimento, deveria ser um direito fundamental de todo o ser humano.

Gramsci – vou fazer de tudo para atender a essas orientações professor, muito obrigado. Serei o mais racional e atento dos homens!

Freud – o fato de eu dizer que temos um inconsciente que nos escapa e que pode nos destruir não é o mesmo que atribuir valor negativo a isso e tentar conter tudo a qualquer custo. É preciso um equilíbrio ou você irá sofrer novamente com a decomposição daquilo que é. O nosso atual sentimento do eu, é apenas um resíduo minguado de um sentimento de grande abrangência. O sentimento do eu está sujeito às perturbações e as fronteiras do eu não são estáveis. Tentar estabilizar isso a todo o custo, é mutilar a própria existência, pois terás como parâmetro (no caso de autocontrole absoluto), apenas a realidade presente. Como um pesquisador da História Italiana e da Antiguidade Clássica, você deve saber que se tentássemos viver de acordo com aquelas regras, certamente, teríamos problemas no mundo atual e estaríamos na lista dos "à margem da sociedade". Veja o cristianismo, hoje, por exemplo, que se recusa a entender que o mundo mudou e quer impor uma moral de rebanho (fundada por pastores nômades e incultos), achando que isso é suficiente para aplacar seres que não estão mais dentro de uma caverna.

Gramsci – entendi, não seremos então nem animais, porque isso destruiria a sociedade e não temos as ferramentas corretas para sê-lo, e nem seres absolutamente controlados. Professor, qual é a medida certa para ter equilíbrio? O que eu preciso fazer para ser feliz e ainda assim ajudar a sociedade a se desenvolver?

Freud – a sua pergunta traz em si sentimentos amorosos. Tenho toda a certeza disso. Mas vamos seguir um pouco mais antes de falar desse assunto, porque também caminho pelo caminho seu. A felicidade é um fenômeno episódico apenas. Ela existe como uma projeção que nos dá refrigério! Que nos faz ver além! Que permite que continuemos nos empenhando naquilo que fazemos! A ideia de eternidade e de um desfrute permanente do paraíso, não tem nada a ver com a nossa felicidade, de fato. Para sermos felizes é preciso que primeiro saibamos o que é estar infeliz. Que possamos comparar um estado anterior ou posterior, com outra situação. Felicidade implica viver a vida e sentir pelas experiências que são as nossas, o que de fato nos traz (conforme diz Aristóteles) o desejo de eternizar aquele momento. Desejo de eternizar, porque não eternizaremos e, por isso, continuaremos desejando. Nós criaremos nossas "cascas" para resistir a toda tentativa de dissolução que o mundo nos imporá e buscaremos como nunca, existir do modo que idealizamos, sabendo lidar com os fracassos e reagrupando para refletir sobre um novo início, um retorno ou sobre a continuidade.

Gramsci – o senhor pensa parecido com Kafka!

Freud – a literatura nos antecipa. O escritor literário pode divagar à vontade, deixar que tudo o que passa por sua cabeça saia à tona, sem por isso ser acusado de charlatanismo entre outras coisas. Ler Shakespeare, Sófocles, Hesíodo e outros é mergulhar no inconsciente de uma outra época. Ver quadros, esculturas, fotografias, tudo isso nos ajuda a conhecer melhor uns aos outros e classificar esse mistério insolúvel chamado "ser humano".

Gramsci – lembrei da passagem de um diário de Kafka, conforme o senhor ia falando acerca de como somos muito: "Esta manhã, quando eu ainda estava na cama e alguém estava girando rapidamente a chave da fechadura, por alguns momentos senti fechaduras por todo o corpo, como em um baile à fantasia, e em intervalos curtos, uma fechadura foi aberta ou fechada aqui, outra ali...".

Freud – eu estava dizendo que a analogia de Kafka no *Castelo*, no *Processo* era a analogia do inconsciente. E que a ideia do macaco que incorpora as grades para ficar ereto (de "Um relatório para a academia") é o símbolo de nossa transformação em humano. Ser humano é incorporar grades artificiais ao ser animalizado. Então, essa liberdade criativa faz com que os autores de ficção nos antecipem e dirão "Freud copiou fulano. A ideia de inconsciente já estava no pensador tal.", entre outras acusações de que fui alvo ao longo da vida. Eu nunca propus ser o original e bebi em várias fontes, mas ninguém havia dado um caráter científico para os devaneios do inconsciente. Ninguém mapeou tudo isso como eu fiz. Eu me vejo como um Kant moderno diante do Cristianismo: usou a mesma narrativa, que estava ancorada em uma mitologia datada, e forneceu pressupostos racionais para justificar os valores que ainda perduram.

DESEQUILÍBRIO

Giulia para Gramsci – vamos? Já está na hora!

Gramsci para Giulia – mais um minuto, por favor. Provavelmente, não verei mais o professor.

Giulia – esperar-te-ei lá fora.

Gramsci – professor, pode me ajudar na interpretação de um sonho que tive na noite da morte do Charcot?

Freud – sim, conte-me!

Gramsci contou o sonho detalhadamente, de como sonhara estar fazendo amor com Giulia e sonhou ter acordado nu ao lado dela.

Freud – olhando superficialmente, sabendo que ela é uma mulher bonita, que possui o mesmo engajamento político que o seu, certamente, você a desejava.

Gramsci – sim, professor. Não discordo disso, mas como fui capaz de lembrar detalhadamente das características dela e sei que lembrei, porque, devo confessar, nós, de fato, deitamo-nos nus na cama e a imagem que ao acordar era a mesma do sonho?

Freud – se eu bem me lembro, vocês haviam saído do banho. Entraram juntos no lavatório, não viu nada da nudez dela?

Gramsci – entramos juntos, sim, mas fechei os olhos por me achar indigno de qualquer desejo carnal perante uma camarada que confiou seu corpo não sexualizado diante de minha visão. Eu acreditei que deveria olhar como se fosse uma assexuada e não como uma mulher com quem eu viesse a ter relações sexuais.

Freud – Gramsci, nós não percebemos tudo por meio de nossa consciência. Temos na mente apenas um recorte de nossa percepção. Você pode ter visto o corpo dela, não de soslaio e, sim, detalhadamente, por meio de seu inconsciente, mas o fato é que não há impeditivo para que vocês fiquem juntos.

Gramsci – professor, que vida eu daria para ela? Será que eu seria desejado?

Freud – você é genial e já sabe a resposta a essa pergunta. Nenhuma mulher abandonaria o país para ficar ao lado de alguém que ela não ama.

Gramsci – eu pensei, sinceramente, que Lênin pediu que ela ficasse me auxiliando em meu trabalho, pensando na formação da teoria para o desenvolvimento da Internacional Comunista.

Freud – isso você terá que descobrir por conta própria, mas cuidado para não sabotar a si mesmo e sofrer criando dificuldades inexistentes na vida real. Cuidado para que a neurose não o afete ao ponto de não perceber o óbvio: que ela te ama.

Gramsci – obrigado, professor, foi muito bom conversar com o senhor.

Gramsci e Giulia vão embora do Salpêtrière em direção à Itália.

Freud (consigo mesmo) – as mesmas dúvidas que eu tive em relação à Martha, ele tem em relação à Giulia. Como ele tortura a si mesmo! Ele, como diz Kafka, "sente fechaduras por todo o corpo!". Fechaduras da inconsciência, do desejo, da falta de convivência, de um corpo que lhe escapa e tem medo de que se todas as fechaduras forem abertas, nada sobrará do Gramsci. Ele se esquece que é tudo isso e não apenas um intelectual doente.

Freud – o maior temor dele é não ser amado. Ele ainda pensa no amor como algo exclusivamente físico, de aparência. Ele, sentado no sofá, de um lado queria apoiar em si mesmo, fortalecer-se e seguir só (por isso uma mão estava no próprio joelho). Giulia envolvia a outra mão (a mão fragilizada de um Gramsci que ansiava por proteção, queria se esconder). Ele, ao ter sua mão envolvida, que significa ser amado, ser protegido, sente-se mais impelido para ela do que nunca; era como se seu inconsciente lhe dissesse: "Viu só, até você pode ser amado!". Ela, criada na ideologia comunista e vendo o Lênin ao lado de Nadejda, mesmo no casal chave da revolução, não percebe a equiparação entre os sexos- Lênin parece ser o guia e Nadejda, por mais importante que fosse, era apenas uma ajudadora. A revolução não ruiria com o que Giulia via como o "patriarcado". O ato de ela envolver a mão e depois envolver o corpo dele, ficando perto do braço do sofá e o abraçando, é a perspectiva de que ela seria uma mulher poderosa. Ela controlaria tudo e não iria precisar de um protetor. A própria condição física do Gramsci era em si um atrativo para a Giulia ainda em construção de sua figura feminina. Desesperada por mostrar estar além das mulheres que se submetem, por mostrar o protagonismo do gênero feminino, opta por escolher alguém com quem não teria nenhum tipo de conflito. Gramsci seria o marido e companheiro perfeito: ele sentira na pele o que é ser dependente e não iria fazer sua mulher sentir o mesmo. Ele era por demais inseguro na vida doméstica, mas era poderoso ao lidar com vida do Estado. Assim, todo o temor dele de ser rejeitado era algo injustificado, já que poucas mulheres escolhem os homens por atributos unicamente físicos.

DESEQUILÍBRIO

Freud retorna para Viena, casa-se com Martha e continua seus atendimentos, publicações e pesquisas acerca da psicanálise. O mundo estava se tornando por demais pequeno e o indivíduo — esse que sempre fora pequeno — era expandido em dimensões cada vez maiores, de tal maneira que um passo que permitia iluminar uma obscuridade, fazia com que a ciência regredisse outros dez, desconstruindo teses, mitos e impossibilitando que a pura razão fosse capaz de resolver todos os desafios do presente século. A humanidade estava no divã! A civilização era uma casca podre que se desfazia diante da menor das brisas. Era preciso buscar a raiz do mal, mapeá-la, assumir que somos seres agressivos e violentos e tentar conter esses impulsos, sem, no processo, destruir a nós mesmos.

CAPÍTULO XIV

SONHOS DESPEDAÇADOS NAS RODAS DA REALIDADE

Passados cerca de cinco anos após os eventos narrados no Salpêtrière, a guerra havia acabado e deixado marcas indeléveis em toda a sociedade da época. Uma geração que pensara ter chegado ao ápice do desenvolvimento do que o humano poderia e, sem mais nem menos, vê-se em combates brutais por "pedaços" de territórios. A ideia romântica de uma guerra bela, justa e que acabaria rapidamente foi confrontada por forças que se equivaliam, confrontada pela fome e por uma destruição sem precedentes. A Rússia havia se convertido em União das Repúblicas Socialistas Soviéticas (URSS) e os revolucionários — centralizados inicialmente na figura de Lênin — projetavam os desafios de reerguer o país e lidar com um povo ainda alheio a ética do trabalho; era preciso lidar ainda com o ressentimento de nobres que perderam suas posses e com as disputas internas entre as lideranças, pois cada um dos revoltosos possuía uma visão de futuro sobre como o país deveria ser.

Os impérios da Europa Central foram desmantelados e a Alemanha virara uma República: cheia de dívidas, com território reduzido e sofrendo a influência de governos estrangeiros. A Itália passava por um processo semelhante de instabilidade, pois o desafio era reestruturar o país e a expectativa de alguns seria tentar implantar um modelo semelhante ao russo. Uma espécie de reforma pendendo para a esquerda (não seria revolução porque as mudanças tenderiam a ocorrer pela via democrática, apesar da existência de radicais que pretendiam ignorar a legislação vigente e dar um golpe de Estado). Havia outros que pretendiam manter o país tal como estava e conservar as próprias riquezas.

Toda a humanidade da época fora afetada pela sensação de impotência e de desconfiança em relação a outros povos. Os alemães e austríacos ouviam que a França e o Reino Unido eram selvagens, que haviam espoliado territórios, que cobravam multas de guerra e que isso levaria a uma nova catástrofe. Os franceses e ingleses comentavam da falta de humanidade dos alemães e histórias do mal escarafunchado — exageradamente apaixonado — eram ensinadas até mesmo na escola. A ideia de matar alguém, de ver um parente próximo ou amigo morrer ou voltar para a casa mutilado, de ver o país sem condições de garantir aos nacionais a mínima dignidade, só é aceita se o povo for convencido de que existia um horror pior e que fora evitado — que o sofrimento atual é um mal menor, diante do que poderia ter sido. Assim, com auxílio de uma retórica exagerada, o outro era pintado como não humano, como ser desprezível e que deveria ser humilhado.

Espíritos-narradores que antes eram repelidos pela realidade baseada na razão e na cordialidade — nas pessoas da Bela Época, dentro das possibilidades que eram as suas —, por vezes, preferiam ter um desarranjo mental e reprimir "maus pensamentos" em nome da convivência, do que deixar que seu inconsciente viesse à tona; passaram a reconstruir a realidade por outros meios. O muro da realidade estava sendo refeito — muro da civilização e da cultura e a construção não seria mais de um material racional e sim por meio de discursos quase religiosos, nacionalistas e preconceituosos, que começaram a adentrar na mentalidade de muitos. O que antes era pensado em um quarto escuro ou no máximo, na extensão de um ambiente doméstico, passara a ser apregoado pelas ruas, a ser incentivado. O horror pela "culpa" — que deveria ser assumido por cada um dos habitantes dos países em conflito, como uma forma de autoanálise para evitar cometer os mesmos erros — foi transferido para um outro, para o diferente. As notícias diziam que tal povo possuía tal característica e que isso degenerava a "nossa nação". Sem conhecer, sem raciocinar e ávido por se livrar da culpa, da vergonha pelo que foi feito, cada qual se esconde em seus fundamentos e demoniza o diferente, pronto para ejacular seu ódio destrutivo e ainda assim conseguir dormir em paz.

Freud em Viena teve filhos com Martha e se entregou cada vez mais ao exercício da psicanálise, chegando a trabalhar dez horas por dia somente em atendimentos, além de outras tantas em pesquisas, publicações e experimentos. Não sobrava tempo para que sua relação com a esposa fosse problematizada, para que conflitos surgissem durante a convivência. Quando os casais só se

DESEQUILÍBRIO

encontram à noite, não dá tempo de um ou outro avançar na real "essência" de seu cônjuge, não dá tempo de ver além do véu que é apresentado (o mesmo véu que estava quando os primeiros votos de amor foram feitos) e assim a vida segue, como se os primeiros sentimentos fossem renovados a cada encontro. Freud, além disso, vivia analisando todos os aspectos do humano e agora, mais recentemente, tentando relacionar sua ciência com a guerra. A psicanálise poderia evitar novas guerras?

Freud – na guerra, o cidadão individual pode, com horror, convencer-se do que ocasionalmente lhe cruzaria o pensamento em tempos de paz, que o Estado proíbe ao indivíduo a prática do mal, não porque deseja aboli-la, mas porque deseja monopolizá-la, tal como o sal e o fumo. Além dos instintos inconscientes que o indivíduo possui ainda é afetado por seu meio, por sua cultura e pela influência deixada pelos seus ancestrais. Seria necessário, acredito, que todas as escolas pudessem oferecer aos educadores a oportunidade de entender sobre a multiplicidade do humano, para que possamos lidar com nossos demônios a um nível de transformação.

Martha (entra no escritório de Freud correndo) – a Áustria foi anexada à Alemanha e a democracia ruiu completamente. Seus livros estão sendo queimados e vários judeus estão perdendo suas casas para serem confinados em guetos. Precisamos sair imediatamente e Jones já nos garantiu meios de chegar até a Inglaterra.

Freud – lembro-me com muita lucidez de todo o percurso que fiz na psicanálise, de Breuer até chegar na Inglaterra, e de como aprendi com erros e acertos, com uma vida que se confunde com o desenvolvimento dessa nova ciência. Em minhas cartas para Martha, em minhas relações com a família, certamente, alguém terá interesse em construir uma biografia ou algo do tipo. Eu prefiro falar de minha psicanálise, de como tudo acabou em Viena: vi dissolvida a Sociedade Científica que fundei, destruída nossas instituições, tomadas pelos invasores nossa imprensa, os livros que publiquei confiscados ou reduzidos a bagaço, meus filhos expulsos de suas profissões. A razão, a inteligência, nada disso agradou as pessoas. Ninguém quer ouvir falar dos demônios que possui e de como eles devem ser incorporados ao eu consciente.

Freud – certa feita, ao tratar de soldados afetados pela guerra, lembro-me que tentara iniciar o trabalho analítico e seguir o passo a passo para entender os traumas, a origem dos sintomas e avançar no tratamento. O supervisor da unidade, perguntando de meus resultados para fazer um relatório, queria que eu desse um prazo fixo para que todos "fossem curados"

ÉLDER DA SILVA RAIMUNDO

e não se interessou por nenhuma explicação ou exposição do que de fato era uma análise. Perguntou quais remédios eu estava ministrando nos soldados, para combater quais sintomas e me demitiu quando eu disse que não usava nenhuma droga no tratamento, a menos que julgasse que houvesse algum problema que extrapola a possibilidade de resolução unicamente pela análise. Soube mais tarde que todos passaram a fazer uso de medicamentos extremamente invasivos. Estão tristes? Tomem remédio. Estão com insônia? Tomem remédio. Estão impotentes? Remédio e assim é para tudo. A civilização queria a solução imediata e pagaria para ter o alívio do sintoma. Na política a pressa funcionava exatamente igual: diante da impossibilidade de fazer com que acordos surjam democraticamente, basta permitir que alguém centralizador assuma o poder e decida por si mesmo.

Freud – talvez, errei na narrativa do que é a psicanálise: sempre a apresentei em congressos, em reuniões com cientistas e até usava uma linguagem acessível ao grande público, mas foi uma ciência, que por ainda ser experimental, não foi incorporada ao grande público. Eles (a massa) queriam ouvir palavras aduladoras. Que Jesus salva! Que a glória da segunda casa é maior do que a primeira! Que se trocar de governo e se o partido tal assumir todos os problemas serão resolvidos! Que os judeus são sujos e devemos tomar suas posses e expulsá-los! Que cada um é o escolhido! Que se sofrermos agora, a recompensa virá! Que quem planta há de colher! Que a Alemanha ou outro país no qual o discurso é feito, será grande novamente! Na frustração da vida diária, no desespero da falta de sentido, agarraram-se em qualquer coisa que oferecia esperança. Na Inglaterra, restou a reclusão. Um país também com a perspectiva de novos conflitos e tão antissemita como a Alemanha. Não, não era uma questão nacional! A humanidade precisava ir ao divã, reconhecer os próprios erros e avançar. Fiquei vivendo de favores, trocando cartas com amigos, conhecidos e parentes. Escrevendo notas, prefácios e conferências.

Freud – lembro-me de uma anedota memorialística de como o nosso inconsciente e nossos desejos vivem querendo sair e tomar conta do que somos: certa feita eu havia prometido doar quinhentos Marcos para um parente adoentado e fui ao banco sacar a quantia; escrevi uma carta e deveria colocar a carta e o dinheiro no envelope e despachar. Acabei colocando somente a carta e esqueci de colocar os Marcos. Na minha consciência, eu tinha claro que aquele valor não me faria falta e era um dever moral de quem tem boas condições, ajudar a quem necessita, mas meu inconsciente (talvez, lembrando de quando me casei com Martha, da falta de dinheiro e implantando

DESEQUILÍBRIO

um medo de voltar para aquela condição) fez com que eu guardasse no bolso o valor e desfizesse inconscientemente a minha deliberação consciente. Quantas e quantas vezes não ouvi pacientes dizerem que tiveram um mau pressentimento antes de sair para um aniversário ou para um casamento e relatarem que o pressentimento se realizara, tudo isso era, na verdade, a nossa vontade sem regras que tentava suprimir o ser que queria ser sociável e bondoso. Agora, em Viena e na Alemanha, esses mesmos instintos, que ora são agressivos, são potencializados por discursos violentos e isso dá a impressão de que agir mal, fazer o mal, matar e perseguir é algo justo. O que a crise trouxe em nosso país foi a supressão do Superego e a abertura para que tudo o que estava recalcado viesse à tona, sem filtro e sem consequências internas, em outras palavras, sem moralidade.

Na Itália, Gramsci e Giulia se casaram e tiveram um filho: Délio. Gramsci chegara a ser eleito deputado por um partido de esquerda e que estava pendendo cada vez mais para o radicalismo. Menino frágil, que tinha tudo para perecer antes da idade adulta, por seu empenho em recuperar a saúde e desenvolver suas ideias e pelo amor as demais pessoas (amor aprendido na prática e na dependência dos outros), agora era respeitado por todos e alcançara o equilíbrio que tanto buscava: estava com a esposa amada, com o filho saudável e com mil projeções para a nação.

Contudo, quando vamos bem com nossa vida pessoal, o coletivo tende a se desarranjar e assim foi: a massa disforme e mortos e feridos da Grande Guerra fez com que um pandemônio de espíritos escapasse, acabando com a organização dos deuses artífices e influindo no mundo perfeito de Gramsci. Espíritos antigos, espíritos novos, traços de Pandora — tudo perdera a aparência de logicidade que até então tinham. Os reinos de Urano e de Gaia estavam desordenados em todos os aspectos e cada ser humano se transformara não mais em um casulo de espíritos contidos em uma rede neuronal e, sim, em uma passarela do inferno e do céu ao mesmo tempo: tudo era confuso e pessoas boas praticavam o mal e vice-versa. Os adjetivos: bem e mal, na verdade, perderam toda a sua aplicação e nem mesmo na prática diária era possível chegar a uma definição precisa.

Durante a viagem para do Salpêtrière para a Itália, Gramsci havia se decidido a falar de seus sentimentos com Giulia e planejou como abordar o caso:

Gramsci (em devaneios mentais ao lado de Giulia, mas sem proferir qualquer som) – o fato é que tenho direito de estar feliz. Que a vida não se reduz a sonhar e temos que viver no tempo que é o nosso, buscar um sentido egoísta também. Será que ela, tão politizada como é, pensa em casamento, em ter uma família? Estaria eu sendo machista se tomasse a iniciativa diante dela e dizendo o que sinto? A nudez, a exposição ao meu lado, é indicativo de desejo, amor ou indiferença? Ah, professor Freud! Como queria sua ajuda agora! Sim, vou conduzir a conversa e, aos poucos, quando chegar a oportunidade, vou avançar paulatinamente de frases em frases, palavras em palavras, por meio de brincadeiras até chegar ao lugar que pretendo. Sim, será tudo orgânico nesse processo (e Gramsci, ao ouvir Giulia fazendo perguntas sobre a política, o comunismo e coisas assim, estava sem condições de raciocinar acerca do mundo, enquanto não sabia nem como resolver seus próprios problemas).

Giulia (imaginando a tentativa de conversa que ela engendrara com Gramsci) – ele não está aqui nesse momento, ele olha para além do que estou dizendo e se perde nos próprios pensamentos.

A razão e o receio de ambos, mesmo percebendo que cada qual transbordava de desejo e amor um pelo outro, não permitia que o menor dos passos fosse dado. Pensando nas consequências práticas de uma rejeição e na morte social diante de tal (Gramsci se torturava com frases de Giulia como: "Ele é como todos os outros dominadores, finge escrever que é revolucionário, mas age exatamente como os burgueses machistas!"). Ele não iria se mover.

William – por tudo o que é mais sagrado! É só um ensaio acerca do amor! É só uma apresentação. Ande, mova-se e vá até ela!

William parecia transbordar dentro da rede neuronal de Gramsci e o impulso de desejo sem freios que vem de Pandora, foi liberado diante da mente consciente presa em devaneios.

Gramsci se levanta enquanto Giulia voltara a fazer perguntas (já era noite e estavam em um trem a um dia de distância da casa dos Gramscis), sai do salão de jantar, em que havia o convívio coletivo e vai para a sua cabine para refrescar sua mente e se livrar de tanto impulso da libido que fora despertada por Giulia. Ela o segue — preocupada com sua saúde (ele estava com uma aparência febril, como se sentisse muitas dores) e pergunta como ele está. Nesse instante, ele perde toda a sua compostura e é dominado pelos mais variados instintos. Virou um passageiro viajando no próprio corpo. Até parece que William e Pandora tomaram conta de tudo. Ele vai até ela impetuosamente, beija-a, abraça-a e quase que a joga no leito. Pandora estava com os dois e direciona todos os demais atos. Sem pensar em nada, sem se

DESEQUILÍBRIO

preocupar e assim o amor de ambos se consuma. A cena se repetiria várias vezes, sem que o assunto: o amor dos dois, o desejo dos dois — fosse comentado entre eles. Havia um acordo tácito: a conversa era sobre política, era sobre o Estado, era sobre qualquer coisa e na cama, no quarto, em qualquer espaço livre de outras pessoas, em qualquer momento, sem preparação, sem plano, o ato recomeçava e demônios instintivos possuíam ambos. O assunto mais tenso, a dissensão entre os dois sobre ser mais radical ou ser menos na prática do socialismo — pensando na formação do governo — era interrompido por um ato sexual enlouquecido que, após o término, dava lugar para novas conversas como se a libido manifestada estivesse contida em outra dimensão. O casamento, o primeiro filho, tudo foi uma consequência do imediatismo não pensado daquela primeira noite no trem.

Gramsci e seu espírito narrador, que viviam no casulo do indivíduo sem possibilidades e nos devaneios com o coletivo, estavam agora em estado de contínua expansão. Na política italiana, a sensação de poder por ter sido eleito deputado logo foi abalada: parte considerável de seus eleitores queriam que ele fosse mais radical (e sua esposa desejava o mesmo) e desse um jeito de encaminhar na Itália os processos que ocorriam na URSS. Gramsci estava preso entre uma briga de socialistas x comunistas e fascistas rindo e se articulando enquanto os partidos da esquerda se enfraqueciam.

Comunistas – você é amigo pessoal de Lênin e lá fizeram a Revolução. Acha mesmo que se nos aliarmos aos socialistas, que têm reacionários em seus grupos, conseguiremos alguma coisa? Marx teria vergonha dessa sua associação!

Gramsci – não é uma questão de concordar com os socialistas. Por favor, entendam que é isso ou perder para a direita. A decisão é apoiar o menos ruim e depois tentar uma revolução interna. Na Rússia, o processo foi assim: todos ajudaram a derrubar o czarismo e depois fizeram uma contrarrevolução.

Comunistas – ganhar desse jeito equivale a perder! De que adianta ter o poder político e, ao fim de tudo, ver nossas lutas a serviço do capital? Você precisa conseguir apoio de Moscou nesse Congresso da Internacional que teremos!

Gramsci vai até a Rússia e participa por um longo período da União Internacional dos trabalhadores. Na Alemanha, a esquerda estava sendo praticamente liquidada, bem quando o camarada Lênin (já com a saúde debilitada) falece e deixa a URSS em disputa aberta pela sucessão. Josef Stálin assume a liderança e decide que precisava primeiro garantir a sua hegemonia nacional, antes de se envolver nas lutas proletárias de outros países. Stálin foi possuído pelo que havia de pior do pensamento maquiavélico: fazia o mal pelas mãos dos outros e depois entregava o aliado para ser executado e, em pouco tempo, a maioria das pessoas de renome que possuíam a teoria da revolução foram deportadas, presas ou assassinadas

Stálin mostrou ao mundo o horror do "comunismo". Os números de seus crimes sobressaíam diante de todos e dali o "fantasma do comunismo", junto com "o judeu comunista", seriam combatidos violentamente. Na Alemanha e na Itália, chegavam notícias de que mulheres eram estupradas por comunistas, que crianças eram abusadas. Falavam de genocídio, de que os católicos e protestantes sofriam agressões por manterem a fé, que não era possível mais ter família. Uma das mentiras mais contadas pelo fascismo e que teve efeito devastador era justamente a de que não haveria família: eles pegaram um texto de Engels, "A origem da família, da propriedade privada e do Estado", e traduziram errado (intencionalmente) para o espanhol, o português e o italiano), afirmando "Querem acabar com as três instituições sagradas como fizeram na URSS: o Estado acabou com o fim do czarismo, a propriedade privada foi substituída pela propriedade estatal e a família não pode mais existir!". Contavam de como homens casados tinham suas mulheres raptadas para serem levadas em orgias sexuais; que as filhas eram presas em cubículos para terem filhos com soldados fortes e gerar a próxima geração de comunistas. As mentiram chegaram ao ápice e o fascismo foi apoiado financeiramente pelos ricos, idealmente pelos pobres e leigos e pelo rei da Itália, que temia sofrer o mesmo destino do czar russo.

As mentiras não eram assentadas no nada. Havia uma parcela imensa de horror real praticado por Stálin e que não era imputado apenas a ele (apesar de ser ele o orquestrador), mas era difundido na expressão vaga "o comunismo faz tal coisa". Certa vez, para que vocês tenham uma ideia da astúcia de Stálin — que havia sido possuído pelo espírito de Maquiavel —, o líder soviético estava governando praticamente sozinho, com o auxílio do seu leal amigo Georg Chidlóvski, que havia implantado um programa econômico muito produtivo e que tendia para o desenvolvimento, alcançando as graças de todo o povo. Maquiavel — pensando no seu moderno príncipe: Stálin — fazia com que o governante fosse intimidado pela presença do aliado que crescia em fama, até que surgiu uma ideia genial: mandar Georg para a região separatista da Ucrânia (famosa por revoltas) e conter os rebeldes.

DESEQUILÍBRIO

Stálin deu o comando do exército para Georg, mas instigando os soldados a matarem crianças, queimarem idosos vivos, estuprarem, entre outros crimes — o que foi feito à risca. Representantes da região hoje conhecida como Ucrânia foram até a capital e apresentaram provas dos crimes cometidos pelos comunistas. Stálin finge chorar copiosamente ao saber dos fatos, ameaçou que iria se matar (não antes de combinar com seus generais para que o segurassem, pois iria simular um suicídio). Ele pega uma navalha e é contido pelos soldados. Todos sentem que o governante amava o povo, que morreria pelos russos mortos até que ele pergunta quem era o responsável pela ação. Os soldados trazem Georg Chidlóvski para junto da multidão (o homem já havia perdido sua língua, cortada minutos antes a mando de Stálin) e é executado em praça pública. Em apenas um ato — Stálin com Maquiavel lhe inspirando —, consegue assassinar a única ameaça a seu governo e ainda unir separatistas em prol de seu projeto de nação.

Stálin usava o artifício de exagerar as desgraças para que o mal que ele praticasse fosse visto como uma bênção. Certa feita, informou que para que o comunismo de guerra funcionasse adequadamente, cada trabalhador teria de trabalhar 16 horas por dia e 7 dias por semana para o Estado e receberia apenas uma refeição diária (na verdade, pelo plano inicial de Stálin, a ideia era trabalhar 14 horas diárias, durante 6 dias na semana e receber duas refeições diárias). O primeiro plano apresentado (das 16 horas), deixa todos desesperados, pensando que o preço era alto demais e coisas do tipo. Stálin sai a público e defende que 16 horas era um abuso de seus aliados e que, por conta dele e amando os russos, cada qual trabalharia apenas 14 horas diárias, receberia duas refeições e folgaria uma vez na semana. Pessoas saem às ruas comemorar a bondade de Stálin, os sovietes se vangloriam de como vale a pena manter os sindicatos e evitar um mal maior dizendo: "A luta reduziu um dia de trabalho na semana, duas horas diárias a menos e ainda ganhamos o dobro das refeições!". Foi uma prática que passou a ser usada por todos os governantes do mundo capitalista: primeiro, mente que a previdência ou um setor do país está em crise, depois apresenta um absurdo e fecha com o que parece ser o mal menor que, na verdade, já era a ideia inicial dos reformistas.

Em regresso para a Itália, Gramsci vai direto para casa e se encontra com Giulia e Délio.

Gramsci (jogado no sofá e preocupado com o que vira na URSS de Stálin) – moderno príncipe, príncipe moderno. Está tudo errado! O príncipe moderno é o partido político, não um homem qualquer. Precisamos levar o partido ao poder e construir sua tintura ideológica no coletivo, mas sem o poder não há como fazer nada.

Giulia (se aproxima de Gramsci) – você vai ser pai novamente! Teremos outro filho!

Bem quando o casal se dispersa do mundo real e da insegurança política, vivendo um pedaço do paraíso no próprio lar, a família é surpreendida por tropas do Exército que prendem Gramsci a mando de Mussolini. A partir daquele momento, o parlamento italiano fora fechado, os deputados cassados e Gramsci, por ter regressado recentemente da URSS, é preso acusado de traição. A família nunca mais iria se ver e ele não chegaria a conhecer pessoalmente o filho mais novo, nomeado de Giuliano.

Gramsci estava de volta em um cativeiro, mas, dessa vez, além de ser cativo do próprio corpo, era cativo do meio; dos fascistas e fora transportado de um lugar para outro, sem as mínimas condições para sobreviver. Gramsci morria aos poucos na prisão e, junto com sua morte, morria sua relação com Giulia. Eles conversavam por cartas, mas ele tivera de volta toda a insegurança de ser um peso para ela. Chegara a escrever para a amada mais tarde: "Eu não vou sair daqui com vida! Meus cabelos estão ralos e a cada dia me sinto mais fraco! Estive pensando, você é jovem e bonita, deve continuar sem mim e desfazer nosso casamento!". Sem o impulso inconsciente da presença física, o amor dos dois esfriava e ela, presa na consciência de ser fiel, de amparar o marido quando ele precisa, mas sem forças para educar os dois filhos, suportar a desencanto com a política — acaba por sucumbir em tratamentos vários, perdendo de quando em quando sua sanidade. Ela iria para a Inglaterra para ter uma consulta com Freud — uma breve consulta com o antigo analista aposentado.

Da ascensão do fascismo de Mussolini- — além das mentiras dissolvidas em toda a Itália e do medo do desconhecido —, havia uma perturbação da ordem dos espíritos, sim, o mesmo espírito destrutivo de outras épocas: Agamenon — o horror de troianos e de gregos, ao ver um homem vazio pairando por sobre Gaia: Mussolini, resolve que naquela mente oca, sem nada, era fácil se alojar e assim o fez. Agamenon convenceu os gregos (antigamente) pela força e por um discurso de grandeza, dizendo "Vamos controlar o Egeu se derrubarmos Tróia!", ele nem precisou atualizar a mensagem para que fosse ouvido —somente trocou o nome dos mares: "Vamos resgatar a grandeza de Roma e controlar o Mediterrâneo!". Caíram encantados! Italianos festejavam a Marcha sobre Roma, felizes com a ideia de grandeza. Aqueles que vivem

DESEQUILÍBRIO

em nossa época, sem história e sem passado, caem sempre nos mesmos erros, nas mesmas profecias e assim o foi. Cairão ainda em muitas por pensarem que são exceção, que fulano é diferente, que é bondoso...

Amaram a postura ereta, a voz alta, o uniforme arrumado e entregaram seus destinos voluntariamente. A realidade como realidade não existia! Ela era discursiva já que a percepção humana é quem cria a própria realidade! Mentiras, distorções, projeções fantásticas e um desejo imenso de simplificar, de colocar uma ordem racional e responder: Para onde vamos? O que faremos? O querem nos dizer? Respostas que na ditadura são claras demais e, portanto, permitem ao humano em trânsito, em desequilíbrio, que oscila entre vida vivida, literatura, ciência e morte e anseia por parar em algum lugar; abrir mão de tudo e confiar no primeiro idiota que oferece uma falsa certeza.

CAPÍTULO XV

VIDA:
O HORIZONTE DAS INCERTEZAS
NO REINO DAS POSSIBILIDADES
QUE SE BIFURCAM

Na Argentina, Jorge Luís Borges repassava os títulos de sua biblioteca na mente, preso na cegueira e tendo de lembrar do que havia lido. Quem o visitava ouvia sempre a mesma opinião sobre temas atuais; acontece que, quando ele parou de enxergar, abdicou do direito de se envolver plenamente na política e via o mundo com auxílio de sua mãe. No horário combinado, no começo da manhã, Leonor (mãe dele) adentra no mundo borgiano de cor amarela, na cegueira quase total do amarelo que insistia em permanecer atormentando o escritor. Leonor queria que o filho fosse escritor e o apoiou em todos os momentos, mesmo agora quando ela já estava velha para isso, recusava-se a deixar que ele desaparecesse no nada da não escrita.

Leonor – notícias novas, Jorge! A URSS está promovendo um desastre em toda a Europa, fazendo com que os fascistas cheguem ao poder, torturando... (ela gostava de acentuar seu ódio pela esquerda e, de certa forma, fez com que o filho também passasse a odiar qualquer tipo de governo centralizador). O que vai escrever hoje, talvez, uma nota sobre a política?

Borges – poderia reler a *Divina Comédia* comigo? Estou pensando em escrever alguns contos sobre o Céu, o Inferno e a imortalidade. Não me interessa a política e não quero falar sobre.

Leonor lê dias e mais dias para o filho, anota frases e palavras que ele pedia e assim Borges tentava externar seu pensamento.

Borges – quando se é cego, a tentativa e o erro são questões internas. Não podemos escrever absurdos, ensaiar, elaborar variedades de enredos. Tudo ocorre na mente, no reino do desconhecido, do incontrolável e os enredos se bifurcam. Borges (pensando em seu quarto escuro) – Gramsci está preso, jogado em uma cadeia qualquer! Gramsci! Stálin! Mussolini! Giulia, Lênin! Quem são vocês? Por que escolheram essas vidas quando tinham tantas outras possíveis? Lênin podia ter continuado na França ou em qualquer outro lugar do mundo, ter escrito (igual fez Marx) livros sobre a revolução, sem nunca se envolver na prática. Gramsci poderia ficar sendo deputado e apoiar Mussolini em seus intentos ou poderia, sabendo que sua esposa era russa, viver na URSS pelo resto de seus dias. Às vezes, como nas tragédias de Shakespeare, era só não agir e tudo ficaria bem, mas insistem em tentar existir! O que pensam que são? Que são humanos, livres e dispostos a tudo mudar? Eu julgo que toda a ação é vã e no pensamento eu me perco, porque os novos seres humanos que povoam a terra, só repetem o que os antepassados fizeram, no máximo combinando personalidades, mas sem inovar. Gramsci parece com um Hamlet, aquele que se move impulsionado pelo desejo de vingança contra Mussolini, vingança ao que ele representa, ao poder central do ditador, mas, se ele fosse fiel, veria que o poder que Mussolini tem é o mesmo poder que ele deseja. Ambos esperam a consagração pela coletividade: uns pela violência e outros pelas palavras. O mesmo antissemitismo de "O Mercador de Veneza" está presente em todos os lugares, não avançamos em nada, porque as pessoas esquecem de cuidar de si próprio, de entender o que são e tentam cuidar do coletivo. Pessoas dispersas, desesperadas por aparecer de qualquer modo e, por isso, negociando tudo em nome de minutos de glória, inclusive, o futuro de Gaia. E a angústia parece ser problema de escolha. O que faremos e para onde iremos? Questões tolas e débeis, porque a nossa viagem já está traçada: iremos morrer, desaparecer completamente e a maioria das sensações que sentimos, mesmo antes do advento de nossa morte, irá se perder em nossas lembranças. O problema é a escolha porque a escolha produz bifurcações? Temes escolher por causa das consequências dos atos que continuam ressoando por sobre você? Por acaso estás diante de uma decisão irrevogável e manterá sua posição firme porque possui ideais? Ouça! Veja e sinta! Eu tinha tudo na mente e via a vida como uma via segura, em que cada mudança de direção me levava para um alvo artificial que eu havia escolhido. Chegando nesse alvo, eu olhava o que era e eu não estava ali! Era preciso outro alvo, até que, convicto pelo gosto de escrever, apaixonei-me pelas palavras, o eterno não eram os atos e, sim, as palavras. Eu vi a beleza delas até não mais poder ver. Hoje, eu lembro, eu imagino e conto tudo

DESEQUILÍBRIO

em palavras. Eu vejo Gramsci por meio de palavras. Vejo-o preso, com dores, enfraquecido, desesperado, porque estava sem palavras. Ah, olhar no espelho e ver sua imagem distorcida: para mais, com o orgulho ou, para menos, com a depressão. Ver esse ser que se perde nas palavras, na própria percepção e passará a vida sem se achar. Depois de morto, talvez, somente ali, alguém dirá esse foi Jorge Luís Borges. Dirá com tanta convicção sobre quem foi Borges, convicção tal que nem eu tenho acerca do que fui. A escolha é o principal problema? Qual escolha? Escolhemos ou algo escolhe em nós? Das muitas possibilidades de seres humanos disformes e desequilibrados, que mudam com o tempo, dos vários instantes e em um planeta chamado Gaia; duas pessoas de sexo oposto se aproximam e há, ao menos, o orgasmo do indivíduo do sexo masculino. Ainda ali, das milhões de possibilidades, há a fecundação, que poderia, mais tarde, ser abortada ou a criança, se nascesse, ser assassinada, nascer morta, entre tantas infinitas possibilidades. Será educada em um meio que poderia ser tão vasto quanto as circunstâncias de seu nascimento. Pode sofrer de alguma má formação, pensar diferente, ser suscetível de traumas mil, ser indisposta e fraca. Pode aprender a ler e escrever e amará algumas coisas para odiar outras. Pensará trazendo consigo todos os atos fortuitos do acaso e morrerá da mesma forma. Mas, desabrigada e em busca de justificar sua existência, imporá a si mesma sofrimentos desnecessários e, ao contrário, deixará de sofrer quando esse fosse uma das condições para melhorar enquanto pessoa. Viajará em sonhos alheios, sendo que todo o seu ser lhe escapará e a incerteza irá permanecer em cada ato. E tudo ocorre de uma vez! Todas as influências e determinismos nos envolvem ao mesmo tempo, e tentamos fragmentar, colocar períodos artificiais, que são tão arbitrários como nós mesmos.

Borges viajava com seus neurônios, com olhos os fechados, agora, com o amarelo ainda aparecendo e, de repente, todas as sensações que teve até ali, até aquele instante na biblioteca escura, tudo foi para sua mente. Ah, como era bela para os deuses artífices olharem lá de cima e comtemplarem aquela mente que brilhava e brilhava. A mente dele se transformou em um universo criativo: de mitologias, de políticas, de romances e de humanos; ele criara um novo mundo e, assim — a partir dali —, os viventes de Gaia passaram a povoar o céu. Em cada mente havia conflitos, desequilíbrios e projeções. Os deuses não mais faziam espíritos para influenciar os humanos, mas, ao contrário, a mente humana fazia deuses. O processo do círculo infinito que se repete. Na imensidão da fraqueza humana, após o desencantamento do mundo, na análise da vida absurda, sabendo ser falhos para deliberar racionalmente a todo o tempo, projetara a sua essência para o céu, para que essa ficasse protegida do embate da vida prática. Vocês sabem o que era a essência humana? Não! Esperem! É preciso reformular a pergunta! "A" essência humana é um erro singular! Vocês sabem quais são as essências humanas? Era, de quando em quando e por momentos breves, instantes de vida prática harmônica em que um agrupamento humano chegava a um consenso de que algo é bom, por exemplo: era bom respeitar a individualidade, preservar o planeta era essencial. Esses valores e outros, aceitos ali em momentos de felicidade e de boa disposição do pensamento, longe de paixões fundamentalistas, eram jogados para o novo céu, eram projetados e seriam — diante da loucura de fanáticos, diante da guerra — resgatados como balizas morais, éticas e racionais, que serviriam para que aquelas pessoas de boa disposição, boa índole e amor pela humanidade na forma de amor-próprio, pautassem suas ações.

E eis que o novo céu se fez! Vida era possibilidade, mas não possibilidade que tudo relativizava! Era preciso — depois de matar os deuses nos neurônios e decifrar os espíritos, que são produtos de nossa realidade externa que foram internalizados — fazer com que o humano, demasiado humano, projetasse a sua parte comum essencial além do livre direito de fazer a si mesmo. E Borges adormeceu profundamente e sonhou com não se sabe o quê! Talvez, ele viajasse nos próprios sonhos e devaneios, na bagunça disforme de sua mente-universo para, da disformidade, dar nova forma para a vida categorizada. A forma da realidade racional era forma que, por vezes, ficara rachada, produzindo mal-estar na civilização e, consequentemente, desequilíbrio no indivíduo: desarmonias internas no espírito que é excessivamente reprimido para atender aquilo que, em vários aspectos, deixava de contribuir para a melhoria do humano. As rachaduras tomavam conta da organização racional e a inutilidade, o fundamentalismo e o arcaico tenderiam a ser suprimidos em nome de uma moral mais elevada. Do binômio realidade x angústia reprimida, o produto do humano nas possibilidades, emergia — em desequilíbrio e equilíbrio — um novo céu, uma nova terra e um novo humano.

Na vida prática e em uma Itália em desordem, Gramsci apodreceu enquanto indivíduo no presídio. Bebeu uma dose de Estado em sentido amplo e deixou seu individuo apodrecer. Ah, lembrara, sim, dos momentos em que seus instintos literários o fizeram sair de sua bolha e viver um amor arrebatador. Vira a esperança, a grandeza e — quando estava diante da possibilidade de mudar o país — o vento da mudança soprou forte e o levou

DESEQUILÍBRIO

para outra vida. Saiu da existência carnal, bem quando havia conseguido a liberdade condicional.

Gramsci para a cunhada Tatiana (que chamava carinhosamente de Tânia e que o ajudou com remessa de remédios, itens de higiene e cadernos para que ele reescrevesse todos os pensamentos de seus diários do Salpêtrière, dessa vez na prisão- levando os escritos para Moscou) – amanhã mesmo, eu serei libertado! Mal posso esperar para ver Giuliano e Délio, pois está cada vez mais difícil explicar para eles onde o pai está.

Tânia – foi a melhor coisa não contar que você está preso. Acho que agora poderá recuperar o tempo perdido e se aproximar deles aos poucos.

Gramsci – recuperar o tempo perdido? De que forma? Mamãe já morreu e eu pareço ter 20 anos a mais do que eu tenho, sem nenhuma condição física ou mental para continuar. Tânia, como está Iulca? (nas cartas ele chamava Giulia por esse nome).

Tânia – Iulca está bem, foi algumas vezes falar com Freud e melhora a cada dia.

Gramsci – se você pudesse me buscar amanhã, mas somente você e nem fale para Iulca que estarei livre. Deves lembrar de quantas vezes em que me prometeram a liberdade, que senti o prazer da esperança para, como meio de tortura, ser informado que seria transferido para outra prisão.

Tânia – dessa vez é diferente! Você não é mais uma ameaça ao regime fascista e querem dar uma aparência humanitária, soltando vários prisioneiros políticos.

Gramsci (pensando consigo mesmo) – perdi todos os meus antigos colegas de partido para, afinal, amanhã ser libertado. Ao menos, deixarei a minha obra publicada. Que outros levem adiante o meu sonho! Que outros aprendam com nossa história.

Passa o soldado, como era de costume bate na grade da cela para interromper a meditação de Gramsci, além de ficar acendendo e apagando as luzes a todo o momento. Gramsci não dormiu na noite que antecedeu a sua liberdade. No outro dia, dois guardas vieram buscá-lo para que ele fosse liberto; anteciparam a ordem de soltura em cerca de duas horas e Gramsci saiu caminhando, como uma criança que acaba de conseguir ficar em pé e foi explorando o mundo sem direção. Lembrou das vezes em que ficara acorrentado pelos pés e mãos, sendo levado em trens, indo de uma prisão para outra e que via a Itália através das grades. Ele sofre um desmaio repentino e cai no chão já sem vida.

Quando Tatiana chegou para buscar Gramsci, seu corpo já havia sido levado pelas autoridades. Ela fez o processo de reconhecimento e articulou todos os ritos funerários necessários. Délio chorava muito ao ver o pai morto. Giulia estava sob efeito de medicamentos e assim ficou durante o próximo mês. Giuliano não sabia o que estava acontecendo, mas via que um velho doentio (com 46 anos e aparência de 70) havia morrido. O menino, anos mais tarde — quando virara rapaz — lembraria com angústia da única memória que teve com seu pai: um idoso desconhecido no caixão. Giuliano e a família foram para a URSS e lutaram para terem uma vida honrosa, trabalhando arduamente para realizar os próprios sonhos.

Na Inglaterra, Freud praticamente iria apenas finalizar sua longa vida, na expectativa de que as pessoas continuassem a falar e pesquisar sobre a psicanálise. Lembrou de tantos autores que quase foram esquecidos, como Shakespeare, Marx e tantos outros, mas que, após morrerem, foram resgatados pelas gerações seguintes. Seus livros mais populares como *Interpretação dos Sonhos* e *Sobre a Psicopatologia da Vida Cotidiana* apresentaram temas do dia a dia das pessoas. Ele (como os espíritos-narradores) estava diluído nas conversas banais de todos em expressões "o que você quis dizer", "seu olhar não demonstra isso", "você precisa se controlar", entre outras tantas. A esperança era que, da desordem do inconsciente, conseguissem buscar um pouco de ordem racional, do autoconhecimento, para melhor viver e amar em sociedade, produzir e ser útil, ser — senão feliz — ao menos capaz de instantes de felicidade. Freud, lembrando dos instantes de vida feliz, pensou em literatura, mas não Shakespeare de novo, iria ler outro livro.

Freud – Martha, você viu onde deixei o livro *O alienista francês* que ganhei de Jerome e nunca li?

Martha – eu nunca ouvi falar desse livro, tem certeza de que é esse o título? Trouxemos todos os volumes de seu escritório.

Freud – estava junto com o *Navio dos Loucos* e o panfleto do Salpêtrière.

Martha – então, está perdido para sempre, porque eu não vi esse livro e organizei todas as suas coisas.

Freud – até na velhice a psicanálise não me deixa de dizer coisas. Adiar uma ação, ler depois, esperar ter tempo, tudo isso é perder uma oportunidade. A vida não espera você estar pronto e é melhor sofrer com a angústia daquilo que fazemos, do que com angústia por não fazer.

DESEQUILÍBRIO

Martha (se aproximando de Freud) – estes rascunhos aqui eu posso jogar fora ou você vai usar ainda?

Freud – deixa-me ver. Não, são as anotações do caso dos Gramscis.

Martha – o que você ainda quer com eles? O homem já morreu Sigmund!

Freud – tem a análise da esposa também (pensando consigo mesmo). Ela (Giulia) provavelmente adoecera mais em função de perder a utilidade para o marido, do que em virtude das grandes tribulações que tivera de enfrentar. Algumas mulheres, quando se vinculam por demais ao cônjuge, principalmente se esse ocupa uma posição de destaque na sociedade, tendem a justificar sua importância, doando-se muito ao esposo, ao mesmo tempo, que usam essa dedicação para controlar as ações do outro. Por exemplo, a mulher que reclama que o homem não consegue encontrar nada na casa sem a ajuda dela e que, de modo implícito em sua voz, deixa transparecer a seguinte frase "Sou indispensável para fulano!". A outra causa de sua doença, ao que tudo indica, é a dificuldade em conciliar a vida doméstica e de mãe, com o ideal feminista que ela nutria antes do período da Revolução Russa.

Freud – Gramsci é um caso sempre aberto, porque ele não lidou com seus traumas de infância: contou do abandono pelo pai, de como estava preso no Salpêtrière, do cachorro imaginário, do sonho de ser escritor e fez a literatura falsa (para que eu errasse a análise sobre ele), quando, na verdade, ele estava contando sua vida por meio daquela brincadeira que fizera com Borges. Ele regressou exatamente para sua ficção, porque sua realidade era na fantasia. Ele chegou até um dos cargos políticos mais elevados da Itália para, ao fim de tudo, retornar para um lugar isolado (a prisão) em que ele pudesse ser imortalizado como escritor. Sabia que mesmo amando a política, seu coração estava mesmo nas palavras, nas leituras de Shakespeare e na vida longe da realidade.

Martha – ai, Sigmund, por favor, meu velho! De novo com essas coisas. Sabe que é por isso que muitos te acham um charlatão. Você estudou bastante, conheceu muito a psiquê humana, mas você exagera, por vezes. Pare um pouco e não tente explicar tudo, porque senão vai se perder em fantasias.

Freud – adorável Martha, o que seria de mim sem você. Vem me dar um beijo que vou deixar essas coisas para os mais novos. Chega de análises, vou tentar descansar!

Martha – olha, lembre o que nossa filha Anna falou: "Um indivíduo equilibrado consegue ter momentos de descanso e deixa de lado as questões do trabalho!".

Freud – você está certa, só vou escrever um obituário de um amigo que se foi e pararei por aqui. Que cada um consiga lidar com os seus demônios, aceitá-los, domesticá-los na medida do possível e seguir uma vida civilizada!